GRAMMAIRE

ESPAGNOLE.

GRAMMAIRE ESPAGNOLE,

COMPOSÉE SUR CELLE DE L'ACADÉMIE ESPAGNOLE,

Par M. l'Abbé J. E. DE PELLIZER.

A PARIS,

Chez THÉOPHILE BARROIS le jeune, Libraire,
Quai des Augustins, N°. 18.

M. DCC. LXXXVI.

Avec Approbation & Privilege du Roi.

GRAMMAIRE
ESPAGNOLE

Composée par ordre de l'ACADÉMIE [illegible]

[illegible]

[illegible author line]

A PARIS,

Chez Estienne Spachie [illegible], Libraire,
Quai des Augustins, No 18.

M. DCC. LXXXI.

Avec Approbation & Privilège du Roi.

PRÉSENTÉE A SON EXCELLENCE

MADAME LA DUCHESSE

DE LA VAUGUYON,

DAME D'HONNEUR DE MADAME,

ET

AMBASSADRICE DE FRANCE

EN ESPAGNE,

Par son très-humble & très-obéissant
serviteur,

l'Abbé DE PELLIZER.

TABLE.

Fin de la Table.

E R R A T A.

PAGE 1, ligne 17, *dul-cissimo*,   lisez   *dulcissimo*.
   2,   34, *atchaké*,   *atchake*.
   23,   13, *ordoño, ordoñez*,   *Ordoño, Ordoñez*.
   30   Avant les Pronoms adjectifs, ajoutez :
                 elmismo, ellamisma, ellomismo,
                             lo mismo.
                 elproprio, ella propria, ello proprio,
                             lo proprio.
                 el otro, la otra, lo otro.
   34   13   *amerian*,   *amarian*.
   34   25, 26, *dixesse, dixessen*,   *dixese, dixesen*.
   35   26   *edificose*,   *edificose*.
   36   16   *podeis*,   *podais*.
       27   *abolar*,   *avolar*.
   42   8   *durmi*,   *durmi & dormi*.
       32   *iras*,   *irás*.
   41   16 de la premiere conj. *lisez* des trois conjugaisons.
   57   31 *de lo rio*,   *de el rio*.
   59   39 *estando en esto*,   *estando en esto*.
   72   13 *de cuias verdades*,   *de cuyas*.
   73   16 *eh hizo*,   *el hizo*.
   75   8 *non tener*,   *no tener*.
   79   6 *opusiera llena*,   *opusiera, llena*.

GRAMMAIRE

GRAMMAIRE ESPAGNOLE,
COMPOSÉE SUR CELLE DE L'ACADÉMIE ESPAGNOLE.

LEÇON PREMIERE.

LA PRONONCIATION, L'ACCENT.

Prononciation des Lettres.

A B C   D E F G   H I J   K L M N O
a be ce(1) *de e efe ge*(2) *ache i jota*(3) *ka ele eme ene o*

P Q R S T U V X   Y   Z
pe qou erre efe te ou ve equis (4) *y griega zeta* (5).

Regle générale.

Les voyelles se prononcent en Espagnol comme en Latin, soit au commencement, soit au milieu ou à la fin des mots, ainsi que toutes les consonnes. Une lettre redoublée dans un mot n'y est pas inutile, comme elle l'est très-fréquemment en François ; *perro*, prononcez *per-ro* ; *dul-cissimo*, prononcez *doulcis-simo*.

Premiere exception. L'*h* ne s'aspire jamais, & ne s'écrit que pour l'étymologie ; *hombre* pour *ombre* ; *alhambra* pour *alambra*.

Seconde exception. L'*ll* redoublée ; voyez ce qui en est dit ci-après.

---

(1) grasseyé devant *e* & *i*.
(2) de la gorge devant *e* & *i* seulement.
(3) de la gorge.
(4) de la gorge.
(5) grasseyé.

Troisieme & quatrieme exceptions. L'*u* dans *que, qui, quo, &
gue, gui;* voyez ce qui en est dit ci-après.

Deuxieme regle, B & V.

Le *b* se prononce un peu plus adouci en Espagnol qu'en
François.

La prononciation du *v* des Espagnols est la même que
celle de leur *b*. Un Gascon prononce *Bordeaux* & *vinaigre* à
l'Espagnole.

Troisieme regle, C & Z.

Le *c* devant *a o u* se prononce, comme en François, *ka,
ko, kou;* devant *e* & *i*, il se prononce aussi comme en François, mais grasseyé, à-peu-près comme s'il étoit redoublé,
cce, cci. De même, *zá ze zi zo zu* se prononcent grasseyés,
zza zze zzi zzo zzou.

Quatrieme regle, G J & X.

Ga, go, gu, comme en François; mais *ge* & *gi* se prononcent de la gorge. La prononciation du J & de l'X est aussi de
la gorge, & précisément la même. Il faut entendre un Espagnol pour saisir cette prononciation & l'imiter. On peut dire,
en faveur de ceux qui savent l'Allemand, qu'elle ressemble
beaucoup à celle du *ch* germanique, à la fin du monosyl-
labe *ich.*

Exception. Toutes les fois que l'*x*, dans un mot, fait
partie de la syllabe qui le précede, il se prononce, comme
en François, *c s : axioma, conexion,* prononcez comme dans
les mots françois. Ces sortes de mots, en Espagnol, sont tous
dérivés du Latin.

Cinquieme regle, l'H.

L'*h* ne s'aspire pas en Espagnol; c'est une lettre muette,
comme nous l'avons dit, & qui ne s'écrit que pour conserver
l'étymologie.

Ch se prononce comme *tch*, de même qu'en Anglois, &
de même que les Italiens prononcent *ce* & *ci : achaque,* prononcez *atchaké.*

Ph se prononce comme *f*, ainsi qu'en Grec, & dans les
mots françois dérivés du Grec.

Sixieme regle, l'L.

Quand l'*l* est redoublée, soit au commencement, soit au milieu d'un mot, elle se mouille : *llamar, callar*, prononcez *liamar, caliar*.

Septieme regle, l'N.

L'*n* ne se double jamais. Quand on la trouve écrite ainsi *ñ*, avec ce signe, qu'on appelle un *tildé*, il faut la prononcer mouillée, comme on prononce *digne, gagner*, &c. : *niñeria*, prononcez *nigneria* ; *ñoño*, prononcez *gnogno*.

En Espagnol, lorsque l'*n* est précédée d'un *g*, le mot est coupé entre ces deux lettres, & la prononciation latine se conserve : *digno*, prononcez *dig-no*.

Huitieme regle, l'R.

L'*r* ne se redouble jamais au commencement des mots, & se prononce toujours double ; dans le milieu, elle se prononce simple, à moins qu'elle ne soit écrite double : *retrato*, prononcez *rretrato* ; *perro*, prononcez *per-ro* ; *pero*, prononcez *pero*.

Neuvieme regle, l'S.

L'*s* ne se redouble en Espagnol que dans les superlatifs, & alors on prononce distinctement deux *s*. L'*s* simple se prononce comme l'*s* double en François : *preso*, prononcez *presso* ou *preço*.

Dixieme regle, le T.

Comme en François, excepté que le *t* n'a jamais en Espagnol le son du *c* : *metia*, prononcez *metia*, & non pas *mecia*.

Onzieme regle, l'U.

L'*u* se prononce toujours *ou*. Dans *gue, gui*, & *que, qui, quo*, l'*u* est muette comme en François. Mais, dans *gua* & *qua*, l'*u* se prononce : *guardar*, prononcez *gouardar* ; *quarto*, prononcez *couarto*.

Douzieme regle, l'Y.

L'*y* se prononce mouillé des levres, à-peu-près comme

deux *i*, ou comme notre *j* confonne dans le mot *déja*, pro-
noncé en l'adouciffant ; *ya*, prononcez *i-ia*.

En général, lorfqu'on lit en Efpagnol, on doit faire fentir
toutes les lettres d'une maniere douce & coulante, même
celles dont la prononciation eft gutturale, de maniere qu'il
n'y ait rien de dur à l'oreille.

Après avoir donné ces regles pour la prononciation des
mots, il feroit trop long d'ajouter celles qui concernent
l'arrangement des phrafes, fuivant l'orthographe & la
grammaire, & nous allons paffer à l'accent.

De l'Accent.

L'Accent, en Efpagnol, ne fert à autre chofe qu'à marquer
longue une fyllabe, lorfqu'on prononce les autres fyllabes
du même mot leftement, & à la maniere des dactyles latins,
comme le mot même *dáctilo*.

En général, les mots de deux fyllabes font cenfés avoir
l'accent à la premiere : ceux de trois, quatre, ou davantage
l'ont à l'avant-derniere. Et c'eft par rapport à la généralité de
cette regle, que l'accent n'eft jamais marqué, que lorfque le
mot s'en éloigne.

La prononciation de l'accent, dans les mots de deux
fyllabes en Efpagnol, eft femblable à celle des François dans
les mots de deux fyllabes qui fe terminent par l'*e* muet : pere,
padre ; mere, *madre*.

Dans les mots de trois, de quatre fyllabes & plus, l'accent
reffemble à celui des mots de trois ou de quatre fyllabes &
plus en François : royale, *real* ; doctrine, *doctrina* ; inftrument, *inftrumento* ; continuation, *continuacion*.

Les mots qui s'éloignent de cette regle générale doivent
avoir l'accent marqué : comme dans les verbes, où les accents
feuls marquent la différence des perfonnes ; & c'eft ce qu'il
faut obferver avec grand foin.

Dans les noms fubftantifs & adjectifs, & dans les pronoms, ceux de deux fyllabes fuivent la regle générale :
exceptez-en les mots qui fe terminent en *d*, *l*, *n*, *r*, y compris tous les infinitifs : comme *pared*, mur ; *leal*, loyal ;
altar, autel ; *amar*, aimer, qui ont tous l'accent à la derniere
fyllabe. Exceptez encore quelques mots étrangers qui finiffent en voyelle aiguë : comme *Alcalà*, nom d'une ville ;

úvalà, bulletin; *baladì*, vil; ainsi que les adverbes de lieu; *aqui*, ici; *acà*, ça; *allà*, là; & autres. Des noms substantifs, adjectifs, & pronoms de trois syllabes & plus, il y en a qui ont l'accent à l'antépénultieme syllabe, & s'appellent en Espagnol *esdrùjulos*, *dàctylos*, dactyles, ou brefs. Tels font *ùltimo*, dernier; *àrctico*, arctique; *còmico*, comédien; *Ròmulo*, Romulus; *estòmago*, estomac; *cantháridas*, cantharides. Il faut remarquer que les Espagnols se dispensent facilement de marquer cet accent, lorsque le mot provient clairement d'un dactyle latin, ou qu'il est connu dans l'usage familier.

Les mots de trois syllabes ou plus, qui finissent en *d, l, n, r*, ont l'accent à la derniere; comme tous les impératifs à la seconde personne du pluriel, & les infinitifs : *composicion*, composition; *temporal*, temporel; *infinidad*, infinité; *hacedor*, faiseur.

Par ces regles bien entendues & bien observées, on pourra lire l'exemple suivant :

Feliciffimos y venturosos fueron los tiempos donde se echó al mundo el audaciffimo caballero Don Quixote de la Mancha, pues por haber tenido tan honrosa determinacion, como fue el querer resuscitar y volver al mundo la ya perdida y casi muerta orden de la andante caballeria, gozamos ahora en esta nuestra edad necesitada de alegres entretenimientos, no solo de la dulzura de su verdadera historia, sino de los cuentos y episodios della, que en parte no son menos agradables y artificiosos y verdaderos, que la misma historia : la qual prosiguiendo su rastrillado, torcido, y aspado hilo, cuenta, que así como el Cura comenzó á prevenirse para consolar á Cardenio, lo impidio una voz que llegó á sus oidos, que con tristes acentos decia desta manera :
¡ Ai Dios ! i si será posible que he ya hallado lugar que pueda servir de escondida sepultura á la carga pesada deste cuerpo, que tan contra mi voluntad sostengo ! Si será; si la soledad que prometen estas sierras no me miente. ¡ Ay desdichada ! y quan mas agradable compañia harán estos riscos y malezas á mi intencion, pues me darán lugar para que con quejas comunique mi desgracia al cielo, que no la de ningún hombre humano, pues no hai ninguno en la tierra de quien se pueda esperar consejo en las dudas, alivio en las quejas, ni remedio en los males. Todas estas razones oyeron y

percibieron el Cura y los que con el estaban, y por parecer-
les, como ello era, que alli junto las decian, se levantaron
á buscar el dueño, y no hubieron andado veinte pasos,
quando detras de un peñasco vieron sentado al pie de un
fresno á un mozo vestido como labrador, al qual, por tener
inclinado el rostro, á causa de que se lavaba los pies en el
arroyo que por alli corria, no se le pudieron ver por entonces : y ellos llegaron con tanto silencio, que del no fueron
sentidos, ni el estaba á otra cosa atento que á lavarse los
pies, que eran tales que no parecian sino dos pedazos de
blanco cristal, que entre las otras piedras del arroyo se
habian nacido. Suspendioles la blancura y belleza de los
pies, pareciendoles que no estaban hechos á pisar terrones,
ni á andar tras el arado y los bueyes, como mostraba el
hábito de su dueño; y así, viendo que no habian sido sentidos, el Cura que iba delante, hizo señas á los otros dos
que se agazapasen, ó escondiesen detras de unos pedazos de
peña que alli habia : así lo hicieron todos, mirando con
atencion lo que el mozo hacia, el qual traia puesto un capo-
tillo pardo de dos aldas mui ceñido al cuerpo con una toalla
blanca : traia ansimesmo unos calzones y polaynas de paño
pardo, y en la cabeza una montera parda : tenia las polaynas
levantadas hasta la mitad de la pierna, que sin duda alguna
de blanco alabastro parecia : acabóse de lavar los hermosos
pies, y luego con un paño de tocar que sacó debaxo de la
montera, se los limpio, y al querer quitarsele, alzó el rostro,
y tuvieron lugar los que mirandole estaban, de ver una hermosura incomparable, tal que Cardenio dixo al Cura con
voz baxa : esta, ya que no es Luscinda, no es persona humana,
sino divina. El mozo se quitó la montera, y sacudiendo la
cabeza á una y á otra parte, se comenzaron á descoger y
desparcir unos cabellos que pudieran los del sol tenerles
envidia : con esto conocieron, que el que parecia labrador,
era muger, y delicada, y aun la mas hermosa que hasta
entonces los ojos de los dos habian visto, y aun los de Cardenio, si no hubieran mirado y conocido á Luscinda ; que
despues afirmó, que sola la belleza de Luscinda podia con-
tender con aquella. Los luengos y rubios cabellos, no solo
le cubrieron las espaldas, mas toda en torno la escondieron
debaxo de ellos, que si no eran los pies, ninguna otra cosa
de su cuerpo se parecia : tales y tantos eran. En esto les sirvio

de peine unas manos, que si los pies en el agua habian parecido pedazos de cristal, las manos en los cabellos semejaban pedazos de apretada nieve : todo lo qual en mas admiracion y en mas deseo de saber quien era, ponia á los tres que la miraban. Por esto determinaron de mostrarse, y al movimiento que hicieron de ponerse en pie, la hermosa moza alzó la cabeza, y apartandose los cabellos de delante de los ojos con entrambas manos, miró los que el ruido hacian : y apenas los hubo visto, quando se levantó en pie, y sin aguardar á calzarse, ni á recoger los cabellos, asio con mucha presteza un bulto como de ropa, que junto á sí tenia, y quiso ponerse en huida, llena de turbacion y sobresalto : mas no hubo dado seis pasos, quando no pudiendo sufrir los delicados pies la aspereza de las piedras, dio consigo en el suelo : lo qual visto por los tres, salieron á ella, y el Cura fue el primero que le dixo : deteneos, señora, quien quiera que seais, que los que aqui veis, solo tienen intencion de serviros : no hai para que os pongais en tan impertinente huida, porque ni vuestros pies lo podrán sufrir, ni nosotros consentir. A todo esto ella no respondia palabra, atónita y confusa. Llegaron pues á ella, y asiendola por la mano el Cura, prosiguio diciendo : lo que vuestro trage, señora, nos niega, vuestros cabellos nos descubren, señales claras que no deben de ser de poco momento las causas que han disfrazado vuestra belleza en hábito tan indigno, y traidola á tanta soledad como es esta, en la qual ha sido ventura el hallaros, si no para dar remedio á vuestros males, alomenos para darles consejo, pues ningun mal puede fatigar tanto, ni llegar tan al extremo de serlo, mientras no acaba la vida, que rehuya de no escuchar siquiera el consejo, que con buena intencion se le da al que lo padece. Así que, señora mia, ó señor mio, ó lo que vos quisieredes ser, perded el sobresalto, que nuestra vista os ha causado, y contadnos vuestra buena, ó mala suerte, que en nosotros juntos, ó en cada uno, hallareis quien os ayude á sentir vuestras desgracias. En tanto que el Cura decia estas razones, estaba la disfrazada moza como embelesada, mirandolos á todos sin mover labio, ni decir palabra alguna, bien así como rústico aldeano que de improviso se le muestran cosas raras y del jamas vistas : mas volviendo el Cura á decirle otras razones al mesmo efeto encaminadas, dando ella un profundo suspiro, rompio

A 4

el filencio y dixo : pues que la foledad deftas fierras no ha fido parte para encubrirme, ni la foltura de mis defcompueftos cabellos no ha permitido que fea mentirofa mi lengua, en valde feria fingir yo de nuevo ahora lo que, fi fe me creyefe, feria mas por cortefia, que por otra razon alguna : prefupuefto efto, digo, feñores, que os agradezco el ofrecimiento que me habeis hecho, el qual me ha puefto en obligacion de fatisfaceros en todo lo que me habeis pedido, puefto que temo, que la relacion que os hiciere de mis defdichas, os ha de caufar al par de la compafion la pefadumbre, porque no habeis de hallar remedio para remediarlas ni confuelo para entretenerlas; pero con todo efto, porque no ande vacilando mi honra en vueftras intenciones, habiendome ya conocido por muger, y viendome moza, fola y en efte trage, cofas todas juntas y cada una por fi, que pueden echar por tierra qualquier honefto credito, os habré de decir lo que quifiera callar fi pudiera. Todo efto dixo fin parar la que tan hermofa muger parecia, con tan fuelta lengua, con voz tan fuave, que no menos les admiró fu difcrecion que fu hermofura : y tornandole á hacer nuevos ofrecimientos y nuevos ruegos, para que lo prometido cumpliefe, ella fin hacerfe mas de rogar, calzandofe con toda honeftidad, y recogiendo fus cabellos, fe acomodó en el afiento de una piedra, y pueftos los tres al rededor della, haciendofe fuerza por detener algunas lágrimas que á los ojos fe le venian, con voz repofada y clara, comenzó la hiftoria de fu vida defta manera :

. En efta Andalucia hai un lugar de quien toma título un Duque, que le hace uno de los que llaman Grandes en Efpaña : efte tiene dos hijos, el mayor heredero de fu Eftado y al parecer de fus buenas coftumbres, y el menor, no fe yo de que fea heredero, fino de las traiciones de Vellido y de los embuftes de Galalon. Defte feñor fon vafallos mis padres, humildes en linage; pero tan ricos, que fi los bienes de fu naturaleza igualaran á los de fu fortuna, ni ellos tuvieran mas que defear, ni yo temiera verme en la defdicha en que me veo, porque quizá nace mi poca ventura de la que no tuvieron ellos en no haber nacido illuftres : bien es verdad, que no fon tan baxos, que puedan afrentarfe de fu eftado, ni tan altos que á mi me quiten la imaginacion que tengo, de que de fu humildad viene mi defgracia. Ellos en fin fon labradores, gente llana, sin mezcla de alguna raza mal sonante, y como suele decirse, chriftianos viejos ranciosos, pero tan rancios, que su riqueza y magnífico trato les va poco á poco adquiriendo nombre de hidalgos, y aun de caballeros, puesto que de la mayor riqueza y nobleza que ellos se preciaban, era de tenerme á mi por hija: y así por no tener otra, ni otro que los heredase, como por ser padres y aficionados, yo era una de las mas regaladas hijas que padres jamas regalaron: era el espejo en que se miraban, el báculo de su vejez, y el sujeto á quien encaminaban, midiendolos con el cielo, todos sus deseos, de los quales, por ser ellos tan buenos, los mios no salian un punto, y del mismo modo que yo era señora de sus ánimos, ansí lo era de su hacienda: por mi se recebian y despedian los criados: la razon y cuenta de lo que se sembraba y cogia, pasaba por mi mano: los molinos de aceyte, los lagares del vino, el número del ganado mayor y menor, el de las colmenas, finalmente de todo aquello que un tan rico labrador como mi padre puede tener y tiene, tenia yo la cuenta, y era la mayordoma y señora, con tanta solicitud mia y con tanto gufto suyo, que buenamente no acertaré á encarecerlo. Los ratos que del dia me quedaban despues de haber dado lo que convenia á los mayorales, ó capataces, y á otros jornaleros, los entretenia en exercicios que son á las doncellas tan lícitos como necesarios, como son los que ofrece la aguja y la almohadilla, y la rueca muchas veces; y si alguna por recrear el ánimo, estos exercicios dexaba, me acogia al entretenimiento de leer algun libro devoto, ó á tocar una harpa, porque la experiencia me mostraba que la música compone los ánimos descompuestos, y alivia los trabajos que nacen del espíritu. Esta pues era la vida que yo tenia en casa de mis padres, la qual si tan particularmente he contado, no ha sido por oftentacion, ni por dar á entender que soi rica, sino porque se advierta, quan sin culpa me he venido de aquel buen estado que he dicho al infelice en que ahora me hallo. Es pues el caso, que pasando mi vida en tantas ocupaciones y en un encerramiento tal, que al de un monesterio pudiera compararse, sin ser vista, á mi parecer, de otra persona alguna que de los criados de casa, porque los dias que iba á misa era tan de mañana, y tan acompañada de mi madre y de otras criadas, y yo tan cubierta y recatada,

que apenas vian mis ojos mas tierra de aquella donde ponia
los pies ; con todo efto, los del amor, ó los de la ociofidad
por mejor decir, á quien los de lince no pueden igualarfe,
me vieron pueftos en la folicitud de Don Fernando, que
efte es el nombre del hijo menor del Duque que os he contado. No hubo bien nombrado á Don Fernando la que el
cuento contaba, quando á Cardenio fe le mudó la color del
roftro, y comenzó á trafudar con tan grande alteracion, que
el Cura y el Barbero que miraron en ello, temieron que le
venia aquel accidente de locura que habian oido decir,
que de quando en quando le venia : mas Cardenio no hizo
otra cofa que trafudar y eftarfe quedo, mirando de hito en
hito á la labradora, imaginando quien ella era, la qual fin
advertir en los movimientos de Cardenio profiguio fu hiftoria, diciendo : y no me hubieron bien vifto, quando, fegun
el dixo defpues, quedó tan prefo de mis amores, quanto lo
dieron bien á entender fus demoftraciones. Mas por acabar
prefto con el cuento, que no le tiene de mis defdichas,
quiero pafar en filencio las diligencias que Don Fernando
hizo para declararme fu voluntad : fobornó toda la gente de
mi cafa, dio y ofrecio dádivas y mercedes á mis parientes :
los dias eran todos de fiefta y de regocijo en mi calle, las
noches no dexaban dormir á nadie las múficas : los villetes,
que fin faber como á mis manos venian, eran infinitos,
llenos de enamoradas razones y ofrecimientos, con menos
letras que promefas y juramentos : todo lo qual, no folo no
me ablandaba, pero me endurecia de manera, como fi fuera
mi mortal enemigo, y que todas las obras que para redu-
cirme á fu voluntad hacia, las hiciera para el efeto contra-
rio : no porque á mi me pareciefe mal la gentileza de Don
Fernando, ni que tuviefe á demafia fus folicitudes, porque
me daba un no fe que de contento, verme tan querida y
eftimada de un tan principal caballero, y no me pefaba ver
en fus papeles mis alabanzas, que en efto, por feas que
feamos las mugeres, me parece á mi que fiempre nos da
gufto el oir que nos llaman hermofas; pero á todo efto fe
oponia mi honeftidad y los confejos continuos que mis
padres me daban, que ya mui al defcubierto fabian la
voluntad de Don Fernando, porque ya á el no fe le daba
nada de que todo el mundo la fupiefe. Decianme mis padres,
que en fola mi virtud y bondad dexaban y depofitaban fu

honra y fama, y que considerase la desigualdad que habia entre mi y Don Fernando, y que por aqui echaria de ver, que sus pensamientos, aunque el dixese otra cosa, mas se encaminaban á su gusto que á mi provecho, y que si yo quisiese poner en alguna manera algun inconveniente para que el se dexase de su injusta pretension, que ellos me casarian luego con quien yo mas gustase, así de los mas principales de nuestro lugar, como de todos los circunvecinos, pues todo se podia esperar de su mucha hacienda y de mi buena fama. Con estos ciertos prometimientos, y con la verdad que ellos me decian, fortificaba yo mi entereza, y jamas quise responder á Don Fernando palabra que le pudiese mostrar, aunque de mui lejos, esperanza de alcanzar su deseo. Todos estos recatos mios, que el debia de tener por desdenes, debieron de ser causa de avivar mas su lascivo apetito, que este nombre quiero dar á la voluntad que me mostraba, la qual, si ella fuera como debia, no la supiérades vosotros ahora, porque hubiera faltado la ocasion de decirosla. Finalmente Don Fernando supo que mis padres andaban por darme estado, por quitalle á el la esperanza de poseerme, ó alomenos porque yo tuviese mas guardas para guardarme, y esta nueva, ó sospecha fue causa, para que hiciese lo que ahora oiréis; y fue, que una noche estando yo en mi apo-sento con sola la compañia de una doncella que me servia, teniendo bien cerradas las puertas, por temor que por des-cuido mi honestidad no se viese en peligro, sin saber, ni imaginar como, en medio destos recatos y prevenciones, y en la soledad deste silencio y encierro me le hallé delante, cuya vista me turbó de manera, que me quitó la de mis ojos, y me enmudecio la lengua : y así no fui poderosa de dar voces, ni aun el, creo que me las dexara dar, porque luego se llegó á mi, y tomandome entre sus brazos (porque yo, digo, no tuve fuerzas para defenderme segun estaba turbada) comenzó á decirme tales razones, que no se como es posible que tenga tanta habilidad la mentira, que las sepa componer de modo que parezcan tan verdaderas : hacia el traidor que sus lágrimas acreditasen sus palabras, y los suspiros su inten-cion. Yo probecilla, sola entre los mios, mal exercitada en casos semejantes, comencé no se en que modo á tener por verdaderas tantas falsedades ; pero no de suerte que me moviesen á compasion menos que buena sus lágrimas y suspi-

ros : y afi pafandofeme aquel fobrefalto primero , tornè
algun tanto á cobrar mis perdidos efpíritus, y con mas ánimo
del que penfé que pudiera tener, le dixe : fi como eftoi,
feñor, en tus brazos, eftuviera entre los de un leon fiero,
y el librarme dellos fe me afegurara, con que hiciera , ó
dixera cofa que fuera en perjuicio de mi honeftidad, afi fuera
pofible hacella, ó decilla, como es pofible dexar de haber
fido lo que fue : afi que, fi tu tienes ceñido mi cuerpo con
tus brazos, yo tengo atada mi alma con mis buenos defeos,
que fon tan diferentes de los tuyos como lo verás, fi con
hacerme fuerza, quifieres pafar adelante en ellos : tu vafalla
foi, pero no tu efclava; ni tiene, ni debe tener imperio la
nobleza de tu fangre, para deshonrar y tener en poco la
humildad de la mia, y en tanto me eftimo yo villana y
labradora, como tu feñor y caballero : conmigo no han de
fer de ningun efecto tus fuerzas, ni han de tener valor tus
riquezas, ni tus palabras han de poder engañarme, ni tus
fufpiros y lágrimas enternecerme : fi alguna de todas eftas
cofas que he dicho, viera yo en el que mis padres me dieran
por efpofo, á fu voluntad fe ajuftara la mia, y mi voluntad
de la fuya no faliera : de modo, que como quedara con
honra, aunque quedara fin gufto, de grado te entregara lo
que tu , feñor, ahora con tanta fuerza procuras : todo efto
he dicho, porque no es penfar, que de mi alcance cofa
alguna el que no fuere mi legítimo efpofo. Si no reparas mas
que en efo, bellíffima Dorotea, que efte es el nombre defta
defdichada, dixo el defleal caballero, ves aqui te doi la
mano de ferlo tuyo, y fean teftigos defta verdad los cielos,
á quien ninguna cofa fe efconde, y efta imagen de nueftra
Señora que aqui tienes. Quando Cardenio le oyo decir, que
fe llamaba Dorotea, tornó de nuevo á fus fobrefaltos, y
acabó de confirmar por verdadera fu primera opinion; pero
no quifo interrumpir el cuento, por ver en que venia á
parar lo que el ya cafi fabia, folo dixo : que? Dorotea es
tu nombre, feñora? otra he oido yo decir del mefmo, que
quizá corre parejas con tus defdichas : pafa adelante, que
tiempo vendrá en que te diga cofas que te efpanten en el
mefmo grado que te laftimen. Reparó Dorotea en las razones
de Cardenio y en fu extraño y defaftrado trage, y rogóle,
que fi alguna cofa de fu hacienda fabia, fe la dixefe luego,
porque fi algo le habia dexado bueno la fortuna, era el

ánimo que tenia para sufrir qualquier desastre que le sobre-
viniese, segura de que á su parecer ninguno podia llegar,
que el que tenia acrecentase un punto. No le perdiera yo,
señora, respondio Cardenio, en decirte lo que pienso, si
fuera verdad lo que imagino, y hasta ahora no se pierde co-
yuntura, ni á ti te importa nada el saberlo. Sea lo que fuere,
respondio Dorotea, lo que en mi cuento pasa, fue, que
tomando Don Fernando una imagen que en aquel aposento
estaba, la puso por testigo de nuestro desposorio, con palabras eficacissimas y juramentos extraordinarios me dio la
palabra de ser mi marido, puesto que antes que acabase de
decirlas, le dixe que mirase bien lo que hacia, y que considerase el enojo que su padre habia de recebir, de verle
casado con una villana vasalla suya, que no le cegase mi
hermosura tal qual era, pues no era bastante para hallar en
ella disculpa de su yerro, y que si algun bien me queria
hacer por el amor que me tenia, fuese dexar correr mi suerte
á lo igual de lo que mi calidad podia, porque nunca los tan
desiguales casamientos se gozan, ni duran mucho en aquel
gusto con que se comienzan. Todas estas razones que aquí
he dicho, le dixe, y otras muchas de que no me acuerdo;
pero no fueron parte para que el dexase de seguir su intento,
bien ansi como el que no piensa pagar, que al concertar de
la barata, no repara inconvenientes. Yo á esta sazon hice
un breve discurso conmigo, y me dixe á mi mesma : sí, que
seré yo la primera, que por via de matrimonio haya subido
de humilde á grande estado, ni será Don Fernando el primero à quien hermosura, ó ciega aficion, que es lo mas
cierto, haya hecho tomar compañia desigual á su grandeza :
pues si no hago ni mundo, ni uso nuevo, bien es acudir á
esta honra que la suerte me ofrece, puesto que en este no
dure mas la voluntad que me muestra, de quanto dure el
cumplimiento de su deseo, que en fin para con Dios seré su
esposa, y si quiero con desdenes despedille, en término le
veo que no usando el que debe, usará el de la fuerza, y
vendré á quedar deshonrada y sin disculpa de la culpa que
me podrá dar el que no supiere, quan sin ella he venido á
este punto : porque ¿ que razones serán bastantes para persua-
dir á mis padres y á otros, que este caballero entró en mi
aposento sin consentimiento mio ? Todas estas demandas y
respuestas revolví en un instante en la imaginacion, y sobre

todo me comenzaron á hacer fuerza y á inclinarme á lo que
fue, sin yo penarlo, mi perdicion, los juramentos de Don
Fernando, los teftigos que ponia, las lágrimas que derra-
maba, y finalmente fu difpoficion y gentileza, que acompañada con tantas mueftras de verdadero amor, pudieran
rendir á otro tan libre y recatado corazon como el mio.
Llamé á mi criada, para que en la tierra acompañafe á los
teftigos del cielo : tornó Don Fernando á reiterar y confirmar
fus juramentos, añadió á los primeros, nuevos Santos por
teftigos, echófe mil futuras maldiciones, fi no cumpliefe lo
que me prometia, volvio á humedecer fus ojos y acrecentar
fus fufpiros, apretóme mas entre fus brazos, de los quales
jamas me habia dexado, y con efto, y con volverfe á falir
del apofento mi doncella, yo dexé de ferlo, y el acabó de
fer traidor y fementido. El dia que fucedio á la noche de mi
defgracia, fe venia aun no tan apriefa como yo pienfo que
Don Fernando defeaba, porque defpues de cumplido aquello
que el apetito pide, el mayor gufto que puede venir, es
appartarfe de donde le alcanzaron. Digo efto, porque Don
Fernando dio priefa por partirfe de mi, y por induftria de
mi doncella, que era la mifma que alli le habia traido, antes
que amaneciefe fe vio en la calle, y al defpedirfe de mi,
aunque no con tanto ahinco y vehemencia como quando
vino, me dixo que eftuviefe fegura de fu fe, y de fer firmes
y verdaderos fus juramentos, y para mas confirmacion de
fu palabra facó un rico anillo del dedo y lo pufo en el mio.
En efecto el fe fue, y yo quedé, ni fe fi trifte, ó alegre :
efto fe bien decir, que quedé confufa y penfativa, y cafi
fuera de mi con el nuevo acaecimiento, y no tuve ánimo,
ó no fe me acordó de reñir á mi doncella por la traicion
cometia, de encerrar á Don Fernando en mi mifmo apofento,
porque aun no me determinaba, fi era bien, ó mal el que
me habia fucedido. Díxele al partir á Don Fernando, que
por el mefmo camino de aquella podia verme otras noches,
pues ya era fuya, hafta que quando el quifiefe aquel hecho
fe publicafe ; pero no vino otra alguna, fino fue la figuiente,
ni yo pude verle en la calle, ni en la iglefia en mas de un
mes, que en vano me canfé en folicitallo, puefto que
fupe, que eftaba en la villa, y que los mas dias iba á caza,
exercicio de que el era mui aficionado. Eftos dias y eftas
horas bien fe yo que para mi fueron aciagos y menguados,

y bien se que comencé á dudar en ellos, y aun á descreer
de la fe de Don Fernando : y se tambien que mi doncella
oyó entonces las palabras, que en reprehension de su atre-
vimiento antes no habia oido : y se que me fue forzoso tener
cuenta con mis lágrimas y con la compostura de mi rostro,
por no dar ocasion á que mis padres me preguntasen, que
de que andaba descontenta, y me obligasen á buscar mentiras
que decilles; pero todo esto se acabó en un punto, llegan-
dose uno donde se atropellaron respectos y se acabaron
los honrados discursos, y adonde se perdio la paciencia y
salieron á plaza mis secretos pensamientos : y esto fue, porque
de alli á pocos dias se dixo en el lugar, como en una ciudad
alli cerca se habia casado Don Fernando con una doncella
hermosíssima en todo extremo, y de mui principales padres,
aunque no tan rica que por la dote pudiera aspirar á tan
noble casamiento : dixose que se llamaba Luscinda, con otras
cosas que en sus desposorios sucediéron dignas de admiracion.
Oyo Cardenio el nombre de Luscinda, y no hizo otra cosa
que encoger los hombros, morderse los labios, enarcar las
cejas, y dexar de alli á poco caer por sus ojos dos fuentes
de lágrimas; mas no por esto dexó Dorotea de seguir su
cuento diciendo : llegó esta triste nueva á mis oidos, y en
lugar de helarseme el corazon en oilla, fue tanta la cólera y
rabia que se encendio en el, que faltó poco para no salirme
por las calles dando voces, publicando la alevosía y traicion
que se me habia hecho; mas templóse esta furia por entonces,
con pensar de poner aquella mesma noche por obra lo que
puse, que fue ponerme en este hábito que me dio uno de los
que llaman zagales en casa de los labradores, que era criado
de mi padre, al qual descubri toda mi desventura, y le rogué
me acompañase hasta la ciudad, donde entendi que mi
enemigo estaba. El despues que hubo reprehendido mi atre-
vimiento y afeado mi determinacion, viendome resuelta en
mi parecer, se ofrecio á tenerme compañia, como el dixo,
hasta el cabo del mundo : luego al momento encerré en una
almohada de lienzo un vestido de muger, y algunas joyas y
dineros por lo que podia suceder, y en el silencio de aquella
noche, sin dar cuenta á mi traidora doncella, sali de mi casa,
acompañada de mi criado y de muchas imaginaciones, y me
puse en camino de la ciudad á pie, llevada en vuelo del
deseo de llegar, ya que no á estorbar lo que tenia por

hecho ; alomenos á decir á Don Fernando , me dixese , con
que alma lo habia hecho. Llegué en dos dias y medio donde
queria , y en entrando por la ciudad , pregunté por la casa
de los padres de Luscinda , y al primero á quien hice la
pregunta , me respondio mas de lo que yo quisiera oir :
dixome la casa, y todo lo que habia sucedido en el desposorio
de su hija , cosa tan pública en la ciudad , que se hacen
corrillos para contarla por toda ella : dixome , que la noche
que Don Fernando se desposó con Luscinda , despues de
haber ella dado el *sí* de ser su esposa , le habia tomado un
recio desmayo , y que llegando su esposo á desabrocharle el
pecho , para que le diese el ayre , le halló un papel escrito de
la misma letra de Luscinda , en que decia y declaraba , que
ella no podia ser esposa de Don Fernando , porque lo era de
Cardenio , que á lo que el hombre me dixo , era un caballero
muy principal de la mesma ciudad , y que si habia dado el *sí*
á Don Fernando , fue por no salir de la obediencia de sus
padres. En resolucion , tales razones dixo que contenia el
papel , que daba á entender , que ella habia tenido intencion
de matarse en acabandose de desposar , y daba alli las razones
porque se habia quitado la vida : todo lo qual dicen , que
confirmó una daga que le hallaron , no se en que parte de
sus vestidos. Todo lo qual visto por Don Fernando , pa-
reciendole que Luscinda le habia burlado y escarnecido y
tenido en poco , arremetio á ella antes que de su desmayo
volviese , y con la misma daga que le hallaron , la quiso dar
de puñaladas , y lo hiciera , si sus padres y los que se hallaron
presentes no se lo estorbaran. Dixeron mas , que luego se
ausentó Don Fernando , y que Luscinda no habia vuelto de
su parasismo hasta otro dia , que contó á sus padres , como
ella era verdadera esposa de aquel Cardenio que he dicho.
Supe mas , que el Cardenio , segun decian , se halló presente
á los desposorios , y que en viendola desposada , lo qual el
jamas pensó , se salio de la ciudad desesperado , dexandole
primero escrita una carta , donde daba á entender el agravio
que Luscinda le habia hecho , y de como el se iba adonde
gentes no le viesen. Esto todo era público y notorio en toda
la ciudad , y todos hablaban dello , y mas hablaron quando
supieron que Luscinda habia faltado de casa de sus padres
y de la ciudad , pues no la hallaron en toda ella , de que
perdian el juicio sus padres , y no sabian que medio se tomar ,

para

para hallarla. Esto que supe, puso en bado mis esperanzas, y tuve por mejor, no haber hallado á Don Fernando, que no hallarle casado, pareciendome que aun no estaba del todo cerrada la puerta á mi remedio, dandome yo á entender que podria ser, que el cielo hubiese puesto aquel impedimento en el segundo matrimonio, por atraerle á conocer lo que al primero debia, y á caer en la cuenta de que era christiano, y que estaba mas obligado á su alma, que á los respetos humanos. Todas estas cosas revolvia en mi fantasia, y me consolaba sin tener consuelo, fingiendo unas esperanzas largas y desmayadas, para entretener la vida que ya aborrezco. Estando pues en la ciudad, sin saber que hacerme, pues á Don Fernando no hallaba, llegó á mis oidos un público pregon donde se prometia grande hallazgo á quien me hallase, dando las señas de la edad y del mesmo trage que traia, y oi decir, que se decia; que me habia sacado de casa de mis padres el mozo que conmigo vino, cosa que me llegó al alma, por ver quan de caida andaba mi crédito, pues no bastaba perderle con mi venida, sino añadir el con quien, siendo subjeto tan baxo y tan indigno de mis buenos pensamientos. Al punto que oi el pregon, me sáli de la ciudad con mi criado, que ya comenzaba á dar muestras de titubear en la fe, que de fidelidad me tenia prometida, y aquella noche nos entramos por lo espeso desta montaña con el miedo de no ser hallados; pero como suele decirse que un mal llama á otro, y que el fin de una desgracia suele ser principio de otra mayor, asi me sucedio á mi, porque mi buen criado hasta entonces fiel y seguro, asi como me vio en esta soledad, incitado de su mesma bellaqueria, antes que de mi hermosura, quiso aprovecharse de la ocasion que á su parecer estos yermos le ofrecian, y con poca vergüenza y menos temor de Dios, ni respeto mio, me requirio de amores, y viendo que yo con feas y justas palabras respondia á las desvergüenzas de sus propósitos, dexó aparte los ruegos de quien primero pensó aprovecharse, y comenzó á usar de la fuerza; pero el justo cielo, que pocas, ó ningunas veces dexa de mirar y favorecer á las justas intenciones, favorecio las mias, de manera que con mis pocas fuerzas y con poco trabajo di con el por un derumbadero, donde le dexé, ni se si muerto ó si vivo, y luego con mas ligereza que mi sobresalto y cansancio pedian, me entré por estas montañas,

B

fin llevar otro penfamiento, ni otro defignio que efconderme en ellas, y huir de mi padre y de aquellos que de fu parte me andaban bufcando. Con efte defeo ha no fe qnantos mefes que entré en ellas, donde hallé un ganadero que me llevó por fu criado á un lugar, que eftá en las entrañas defta fierra, al qual he fervido de zagal todo efte tiempo, procurando eftar fiempre en el campo por encubrir eftos cabellos, que ahora tan fin penfarlo me han defcubierto; pero toda mi induftria y toda mi folicitud fue, y ha fido de ningun provecho, pues mi amo vino en conocimiento de que yo no era varon, y nacio en el el mefmo mal penfamiento que en mi criado : y como no fiempre la fortuna con los trabajos da los remedios, no hallé derrumbadero, ni barranco de donde defpeñar y defpenar al amo, como le hallé para el criado ; y afi tuve por menor inconveniente, dexalle y efconderme de nuevo entre eftas afperezas, que probar con el mis fuerzas, ó mis difculpas. Digo pues, que me torné á embofcar, y á bufcar donde fin impedimento alguno pudiefe con fufpiros y lágrimas rogar al cielo fe duela de mi defventura, y me de induftria y favor para falir della, ó para dexar la vida entre eftas foledades, fin que quede memoria defta trifte, que tan fin culpa fuya habrá dado materia para que de ella fe hable, y murmure en la fuya y en las agenas tierras. *D. Quixotte*, *L. IV. C. 28.*

LEÇON SECONDE.

Sur la Grammaire.

LA Grammaire eft l'art de parler. Pour parler, il faut employer quelques-unes des neuf parties de l'oraifon, qu'on nomme *article*, *nom*, *pronom*, *verbe*, *participe*, *prépofition*, *adverbe*, *interjection* & *conjonction*.

De l'Article.

L'article eft une marque du genre qui précède toujours les noms, les participes & les infinitifs des verbes, lorfqu'ils font pris comme des noms fubftantifs. Il y a un article du fingulier, & un article du pluriel; l'un & l'autre font invariables. Celui du singulier est *el*, *la*, *lo* ; le, la, le ou ce, pour le genre masculin, féminin & neutre. Celui du pluriel est *los*, *las*, le neutre n'ayant point de pluriel. Exemple ; *el hombre*, l'homme ; *la muger*, la femme ; *lo bueno*, ce qui est bon.

Nous disons que l'article doit toujours précéder la partie de l'oraison à laquelle il s'unit, ne pouvant jamais être mis après. Néanmoins on doit l'omettre, 1°. dans les nominatifs indéfinis, comme *hombres hai*, il y a des hommes ; 2°. dans les accusatifs indéfinis, comme *dice verdades*, il dit des vérités ; 3°. dans les vocatifs, comme *hombre que haces?* homme que fais-tu ?

On doit aussi omettre l'article devant les noms propres ; car on ne dit pas *el Pedro*, le Pierre, mais Pierre seulement ; & si l'on dit *la Francia*, la France ; *la España*, l'Espagne ; *el Sena*, la Seine, c'est parce que l'on sous-entend le nom commun *provincia*, province ; *rio*, rivière.

Il y a en Espagnol quelques substantifs qui commencent par la lettre *a*, & qui, quoique féminins, ont néanmoins l'article masculin ; *el agua*, l'eau ; *el alma*, l'ame ; *el alba*, l'aube ; *el ave*, l'oiseau ; *el aguila*, l'aigle. Mais dans d'autres, pareillement féminins, qui commencent par la même lettre *a*, il n'est pas permis d'en faire de même.

Lorsque l'article masculin *el* suit immédiatement après les prépositions *à* & *de*, il perd ordinairement l'*e*, & l'on écrit *al* pour *à el* ; *del* pour *de el*.

Il faut remarquer l'usage particulier qu'on fait de l'article avec quelques mots indéclinables, lorsqu'on dit *el como*, le comment ; *el quando*, le quand ; *el si*, le oui ; *el no*, le non ; *el porque*, le pourquoi.

LEÇON TROISIEME.

Sur les Noms.

LE Nom est une partie de l'oraison qui sert à exprimer les choses ; il se divise en substantif & adjectif. Le substantif est celui qui signifie une substance quelconque matérielle ou spirituelle, & le seul qui agit dans l'oraison ; il se divise en nom propre, & nom commun ou appellatif. Le nom propre eſt celui par lequel nous exprimons un individu ſéparé, tel que *Pedro*, Pierre; *Paris*, Paris; *Eſpaña*, Eſpagne; & ordinairement il n'a point de pluriel, ſi ce n'eſt lorſqu'on dit, *las Eſpañas*, *las Galias*, les Eſpagnes, les Gaules : & quoiqu'il y ait pluſieurs individus qui portent le même nom, cependant le nom qui en exprime un, n'appartient pas à l'autre. Le ſubſtantif commun ou appellatif eſt celui qui convient, & s'applique collectivement à tous les individus & toutes les choſes du même genre ; comme *los hombres*, les hommes; *las mugeres*, les femmes; *rio*, rivière ; *piedra*, pierre ; *razon*, la raiſon.

De la déclinaiſon des Subſtantifs.

Les ſubſtantifs ſe déclinent par genres, par nombres & par cas.

§. I. *Du Genre.*

En général on a rapporté tous les noms aux genres maſculin & féminin, ſelon qu'on leur a trouvé une analogie quelconque avec les noms de mâle ou de femelle.

Il y a trois genres en Eſpagnol ; le maſculin, le féminin & le neutre. On les exprime par l'article *el* pour le maſculin, *la* pour le féminin, & *lo* pour le neutre ; comme *el hombre*, l'homme ; *la muger*, la femme ; *lo bueno*, ce qui eſt bon.

Il y a deux manières de connoître le genre des noms ; l'une par leur ſignification, l'autre par leur terminaiſon. Tous les noms d'homme ou de mâle, ou qui s'y rapportent, ſont maſculins : *Pedro*, *leon*, *artillero*, Pierre, lion, artilleur ; *devorador*, dévorateur, & autres. Tous les noms de femme ou femelle, ou qui s'y rapportent, ſont féminins, comme *Margarita*, *leona*, *coſturera*, *embaxadora* ; Marguerite, lionne, couturière, ambaſſadrice. De-là les noms, qui peuvent être applicables aux deux ſexes, peuvent être des deux genres, comme *poeta*, poëte ; *virgen*, vierge ; *martir*, martyr, & autres : on peut donc dire *el poeta*, *la poeta* ; *el virgen*, *la virgen*, &c. Cependant, on dit *la grulla*, la grue ; *la perdiz*, la perdrix, & l'on ne peut pas dire *el grulla*, ni *el perdiz*.

D'autres noms ſont par uſage maſculins ou féminins, à volonté, comme *la arte*, *el arte*, l'art ; *el mar*, *la mar*, la mer ;

el puente, *la puente*, le pont ; *la orden*, *el orden*, l'ordre ; *el color*, *la color*, la couleur.

Le mot *arte* eſt toujours maſculin, lorſqu'il ſignifie un art ou faculté : il eſt ordinairement féminin, lorſqu'il ſignifie induſtrie, ou maniere.

Le mot *orden* eſt maſculin, lorſqu'il ſignifie un ordre religieux, ou autre : il eſt féminin, lorſqu'il ſignifie un mandat, un commandement.

La ſeconde maniere de connoître le genre, c'eſt par la terminaiſon. Comme il ſeroit très-difficile de donner ici des regles ſûres, ſans une grande complication d'exceptions, il ſuffira de dire que l'Eſpagnol affecte ordinairement du genre maſculin les noms terminés en *o*, & du genre féminin, ceux qui ſont terminés en *a*. Exceptez pour les premiers, *mano*, main ; *nao*, navire, qui ſont féminins ; & pour les ſeconds, *dia*, jour, qui eſt maſculin. Ceux en *on* ſont maſculins ; ceux en *ion* ſont féminins. Ceux en *e* ſont maſculins, excepté quelques-uns, comme *parte*, part ; *arte*, maniere. Ceux en *i* & en *u* ſont de même maſculins.

De ceux qui ſe terminent par une conſonne, la variété en eſt trop grande ; nous n'en offrirons qu'une eſquiſſe. Parmi les noms qui finiſſent en *d*, les uns ſont maſculins, d'autres féminins : *ataud*, biere ; *laud*, luth. *Talmud*, & quelques autres ſont maſculins : *pared*, mur ; *prontitud*, *exactitud* ſont féminins. De ceux en *l*, il en eſt de maſculins, comme *portal*, portail ; *pedeſtal*, piédeſtal ; *mantel*, nappe ; *candil*, lampe ; *alcohol*, cobalt, & autres. *Carcel*, priſon ; *miel*, miel ; *hiel*, fiel, & autres ſont féminins.

Les noms en *an*, *en*, *in*, *on*, ſont ordinairement maſculins ; comme *cabeſtan*, cabeſtan ; *reten*, retenue, empêchement ; *collarin*, collerette ; *monton*, tas ou monceau. Il faut en excepter *ſarten*, la poêle ; *margen*, bord, extrémité, (féminin ou maſculin à volonté) ; *razon*, raiſon, & quelques autres. Les noms en *ion* ſont preſque toujours féminins : *oracion*, oraiſon ; *cancion*, chanſon ; *union*, union.

Ceux en *ar*, *or*, *ur*, ainſi que les infinitifs de tous les verbes en *ar*, *er*, *ir*, lorſqu'on en forme des ſubſtantifs, en y ajoutant l'article, ſont maſculins, comme *altar*, autel ; *portador*, porteur ; *tahur*, joueur ; *el cenar*, le ſouper ; *el correr*, courir ; *el decir*, dire.

De ceux en *as*, *es*, *is*, *os*, *us*, il y en a qui ſont maſculins,

comme *maravedis*, maravedis ; *Dios*, Dieu ; *chaos*, chaos :
mies, moisson, est féminin. Les terminaisons en *as*, *es*, *os*,
sont réservées pour le pluriel.

Box, buis ; *relox*, montre ou horloge, sont masculins.

§. II. *Des Nombres.*

Les Nombres sont au singulier, lorsque le nom par sa
terminaison exprime un individu ; au pluriel, lorsqu'il en
exprime plusieurs, par le seul changement de cette terminaison. Or il devient nécessaire de savoir former le pluriel ;
il finit toujours par une *s*, comme en François. Cette lettre
finale indique donc toujours le pluriel, excepté dans les
mots terminés en *es*, *is*, *os*, au singulier, que nous venons
de marquer.

Ainsi, pour former le pluriel en Espagnol, observez si le
mot finit par une voyelle ; alors, ajoutez-y une *s*, & le pluriel
restera formé : comme de *duda*, doute, *dudas* ; de *docto*,
savant, *doctos*, &c.

Quand le mot, au singulier, se termine par une consonne,
vous y ajouterez *es* : comme de *altar*, *altares* ; *señor*, *señores* ;
dios, *dioses* ; *mies*, *mieses* ; *cancion*, *canciones* ; *box*, *boxes*.

§. III. *Des Cas.*

Il n'y a en Espagnol qu'une terminaison pour le singulier,
& une autre pour le pluriel, dans tous les cas ; mais on les
distingue par des prépositions. Ce sont ces prépositions qui
renferment le sens qu'ont tous les cas, comme on peut le
voir par la déclinaison qui suit :

Sing. Nom.	*El hombre, la muger,*		l'homme, la femme.
Gén.	*de el, del hombre, de la muger,*		de, du, de la.
Dat.	*à* ou *para el, al hombre, à* ou	}	à, pour, au, à la.
	para la muger,		
Acc.	*à el, al hombre, el, à la muger, la,*		à l'.. le, au, à la, la.
Voc.	*o hombre, o muger,*		ô homme, &c.
Abl.	*por el hombre, de la muger,*		par.
	(*con, en, fin, en, de, desde*)	}	(avec, en, sans, à, de, dès, depuis).
Plur. Nom.	*los hombres, las mugeres,*		les hommes, les femmes.
Gén.	*de los hombres, de las mugeres,*		des hommes, des femmes.
Dat.	*à, para los,*		aux, pour.
Acc.	*a los,* ou *los,*		les, aux.

Voc. *o*, *ô*.
Abl. *con*, *fin*, *por*, *en*, *de*, *defde*, avec, fans, par, &c.
Ainfi fe déclinent tous les noms fubftantifs.

LEÇON QUATRIEME.

Divifion des Noms fubftantifs.

Tous les noms fubftantifs fe divifent en primitifs, dérivatifs, collectifs, verbaux, compofés & numéraux.

Les primitifs font ceux qui ne proviennent pas des autres ; quand même ils feroient d'une autre langue : tels font *Efpaña*, Efpagne ; *tierra*, terre ; *arbol*, arbre, &c.

Les dérivatifs font ceux qui fe tirent des primitifs : comme de *Efpaña*, *Efpañol* ; & les noms de famille, comme de *Pedro*, *Perez* ; de *ordoño*, *ordoñez* : de *tierra*, *terrado* e *terraza*, terraffe ; *terron*, gazon ; *terruño*, mauvais terrein ; *terrero*, pente de terre ; *territorio*, terroir. De *monte*, mont, vient *montaña*, montagne ; *montero*, garde-chaffe ; *monton*, un tas, un monceau ; ainfi des autres. On forme de la même maniere les augmentatifs & les diminutifs. Les augmentatifs, qui s'emploient auffi pour marquer le mépris, finiffent en *on*, *azo*, *acho* : comme de *hombre*, *hombron*, *hombrazo*, *hombracho* ; de *muger*, *mugerona*, *mugeraza*, *mugeracha*. Les diminutifs finiffent en *ito*, *ico*, *illo* : comme de *hombre*, *hombrecito*, *hombrecico*, *hombrecillo* ; de *muger*, *mugercita*, *mugercica*, *mugercilla* ; ainfi des autres.

Les collectifs font ceux qui, fous la terminaifon du fingulier, expriment une multitude ou un grand nombre : comme *exercito*, armée ; *rebaño*, troupeau ; *tropa*, troupe ; *junta*, affemblée ; *gente*, du monde, & autres.

Les verbaux font ceux qui fe tirent des verbes : comme de *andar*, marcher, *andadura*, allure ou pas (pour les animaux) ; de *correr*, courir, courre, *corredor*, coureur ; de *hacer*, faire, *hechura*, façon ; *hacimiento*, action de faire ; *accion*, action.

Les compofés font ceux qui fe compofent de deux parties de l'oraifon : *ultramar*, outre-mer ; *confeguir*, obtenir ; *prevenir*, prévenir, & autres ; fur-tout les compofés des prépofitions, *con*, *dis*, *di*, *re*, *fe*.

B 4

Les numéraux sont ceux qui servent à exprimer les quantités ; & se partagent en numéraux cardinaux, ordinaux, & distributifs.

Les cardinaux sont ceux d'où l'on suppose que les autres numéraux sont sortis ; ceux-ci sont :

Uno , na ,	Un , ne.	*Once ,*	Onze.	*Treinta ,*	Trente.
Dos ,	Deux.	*Doce ,*	Douze.	*Quarenta ,*	Quarante.
Tres ,	Trois.	*Trece ,*	Treize.	*Cincuenta ,*	Cinquante.
Quatro ,	Quatre.	*Catorce ,*	Quatorze.	*Sesenta ,*	Soixante.
Cinco ,	Cinq.	*Quince ,*	Quinze.	*Setenta ,*	Septante.
Seis ,	Six.	*Diez y seis ,*	Seize.	*Ochenta ,*	Quatre-vingt.
Siete ,	Sept.	*Diez y siete ,*	Dix-sept.	*Noventa ,*	Nonante.
Ocho ,	Huit.	*Diez y ocho ,*	Dix-huit.	*Ciento ,*	Cent.
Nueve ,	Neuf.	*Diez y nueve ,*	Dix-neuf.	*Mil ,*	Mil.
Diez ,	Dix.	*Veinte ,*	Vingt.	*Dos mil ,* &c.	Deux mille, &c.

Les ordinaux sont :

Primero , ra ,	Premier , re.	*Undecimo , ma ,*	Onzieme.	*Trigesimo ,*	Trentieme.
Segundo , da ,	Second , de.	*Duodecimo , ma ,*	Douzieme.	*Quadragesimo ,*	Quarantieme.
Tercero , ra ,	Troisieme.	*Decimo-tercero ,*	Treizieme.	*Quinquagesimo ,*	Cinquantieme.
Quarto , ta ,	Quatrieme.	*Decimo-quarto ,*	Quatorzieme.	*Sexagesimo ,*	Soixantieme.
Quinto , ta ,	Cinquieme.	*Decimo-quinto ,*	Quinzieme.	*Septuagesimo ,*	Septantieme.
Sexto , ta ,	Sixieme.	*Decimo-sexto ,*	Seizieme.	*Octogesimo ,*	Octantieme.
Septimo , ma ,	Septieme.	*Decimo-septimo ,*	Dix-septieme.	*Nonagesimo ,*	Nonantieme.
Octavo , va ,	Huitieme.	*Decimo-octavo ,*	Dix-huitieme.	*Centesimo ,*	Centieme.
Nono , na ,	Neuvieme.	*Decimo-nono ,*	Dix-neuvieme.	*Milesimo ,*	Millieme.
Decimo , ma ,	Dixieme.	*Vigesimo ,*	Vingtieme.	*Bis milesimo ,* &c.	

Les numéraux distributifs se forment en joignant les prépositions *de* & *en* avec les cardinaux, de cette maniere :

de uno en uno ,
un à un ,
de dos en dos ,
deux à deux , &c.

LEÇON CINQUIEME.

Des Noms adjectifs.

LE nom adjectif est une partie de l'oraison qui exprime les qualités des choses signifiées par les noms substantifs. On les divise en positifs, comparatifs, & superlatifs.

Les positifs sont ceux qui expriment tout simplement, ou la qualité, ou la quantité, ou le nombre des choses : comme, *bueno , a , o ,* bon, bonne ; *alto , a , o ,* haut, haute ; *segundo , a , o ,* second, seconde.

Les comparatifs font ceux qui ajoutent un degré de plus aux pofitifs : ils s'expriment en Efpagnol par l'adverbe *mas*, plus ; comme *mas docto*, plus favant, de *docto* qui eft un pofitif : mais aucun numéral n'a de comparatif, ni de fuperlatif.

Les fuperlatifs font ceux qui ajoutent le plus grand degré au pofitif : ils fe forment en Efpagnol du pofitif, avec l'adverbe *mui*, très, fort ; comme *mui docto*, très-favant ; *mui alto*, très-haut, &c ; & l'on peut les former à la maniere du Latin, en difant *doctiffimo*, *altiffimo*.

Il y a des pofitifs qui ont leur comparatif, & leur fuperlatif, à l'imitation du Latin, dont voici quelques-uns :

bueno, *a*, *mejor*,   *optimo*, *a* ; *malo*, *la*, *peor*, *peffimo*,   *a*.
bon, ne, meilleur, re, très-bon, ne ; mauvais, fe, pire, très-mauvais, fe.

grande, *mayor*,   *maximo* ; *fabio*, *mas fabio*, *fapientiffimo*.
grand, plus grand, très-grand ; fage, plus fage, très-fage.

Les noms adjectifs fe déclinent par genres, par nombres & par cas, comme les fubftantifs.

Les cas & les nombres font, pour les adjectifs, les mêmes que pour les fubftantifs, & formés de la même maniere.

A l'égard des genres, les adjectifs fuivent leurs terminaifons. Ceux qui finiffent en *o* pour le genre mafculin, ont une feconde terminaifon en *a* pour le féminin, & une troifieme en *o* pour le neutre. Ceux qui finiffent en *e* font de tout genre, comme n'ayant que cette feule terminaifon, ainfi que le feul qui finiffe en *i* (*baladi*, de peu de valeur). En *u*, il n'y en a point.

Les adjectifs qui finiffent par une confonne, n'ont que cette feule terminaifon, qui par conféquent doit être de tout genre : comme *leal*, loyal, le ; *fingular*, fingulier, ré ; *feroz*, féroce.

Déclinaifon d'un Adjectif.

Sing. Nom.	*el alto*, *la alta*, *lo alto*,	le haut, la haute, ce qui eft haut.
Gén.	*del alto*, *de la alta*, *de lo alto*,	de, du haut, de la haute, du haut.
Dat.	*al alto*, *à la alta*, *à lo alto*,	au haut, à la haute, au haut.
Acc.	*al alto*, *à la alta*, *à lo alto*,	à, au haut, à la haute, au haut.
Voc.	*o alto*, *alta*, *alto*,	ô haut, haute, haut.
Abl.	*por el alto*, *por la alta*, *por lo* } *alto*,	par le haut, par la haute, par } ce, &c.

Plur. Nom. *los altos , las altas , lo alto ,*   les hauts, les hautes, le haut, &c.
    Gén. *de los altos , de las altas ,*   des hauts , des hautes.
    Dat. *à los altos , à las altas ,*   aux hauts , aux hautes.
    Acc. *à los altos , à las altas ,*   aux hauts , aux hautes.
    Voc. *o altos , o altas ,*   ô hauts , ô hautes.
    Abl. *por los altos , por las altas ,*   par les hauts , par les hautes.

Déclinaison des Adjectifs , terminés par une consonne.

Sing. Nom. *el , la provincial ,*
    Gén. *de el , de la provincial ,*
    Dat. *à el , à la provincial ,*
    Acc. *à el , à la provincial ,*   le provincial , la provin-
    Voc. *o provincial ,*   ciale , &c.
    Abl. *de el , de la provincial ,*

Plur. Nom. *los , las provinciales ,*
    Gén. *de los , las provinciales ,*
    Dat. *a los , las provinciales ,*   les provinciaux , les provin-
    Acc. *a los , las provinciales ,*   ciales , &c.
    Voc. *o provinciales ,*
    Abl. *por los , las provinciales ,*

Nota. Lorsqu'un adjectif précede son substantif, l'article de celui-ci peut aller devant l'adjectif. Exemple ; *los altos cielos ,* les hauts cieux.

LEÇON SIXIEME.
Du Pronom.

LES pronoms sont cette partie de l'oraison qui se met à la place des noms : ils sont substantifs & adjectifs ; les substantifs sont ceux qui se rapportent aux personnes grammaticales, & les représentent. Tels sont les pronoms personnels, relatifs, & réciproques.

Les pronoms adjectifs sont les possessifs & les démonstratifs. Je les appelle substantifs & adjectifs , parce qu'ils se déclinent comme les noms substantifs & adjectifs , & en ont les propriétés.

Les pronoms substantifs *yo ,* je ou moi ; *tu ,* tu ou toi ; *el , ella , ello ,* il , elle , ce , sont ceux que je nomme personnels, & se déclinent ainsi :

Sing. Nom. *yo ,*   je ou moi.
    Gén. *de mi ,*   de moi.
    Dat. *à mi , para mi , ou me ,*   à moi & me , pour moi.
    Acc. *à mi , ou me ,*   à moi & me.

Abl. *por, en, fin, de, defde mi,* } par, dans, en, fans, de, dès,
    conmigo, } depuis moi, avec moi.

Plur. Nom. *nofotros, & nos,*   nous.
    Gén. *de nofotros, de nos,*   de nous.
    Dat. *à, para nofotros, à, para nos,* } à nous, pour nous, nous.
     & nos,
    Acc. *à nofotros, & nos,*   à nous & nous.
    Abl. *con, por nofotros, & nos,*   avec, &c. nous, par, &c.

Sing. Nom. *tu,*   tu & toi.
    Gén. *de ti,*   de toi.
    Dat. *à ti, para ti, & te,*   à toi, pour toi, & te.
    Acc. *à ti, & te,*   à toi & te.
    Voc. *o tu,*   ô toi.
    Abl. *por, en, fin, defde, de ti,* } par, en, dans, fans, depuis,
     contigo, } de, avec toi.

Plur. Nom. *vofotros, & vos,*   vous.
    Gén. *de vofotros, & vos,*   de vous.
    Dat. *à, para vofotros, vos & os,*   à vous, pour vous, & vous.
    Acc. *à vofotros, vos & os,*   à vous, & vous.
    Voc. *o vofotros & vos,*   ô vous.
    Abl. *con, por, en, fin, de, defde* } avec, par, en, fans, dès,
     vofotros & vos, } depuis vous.

Sing. Nom. *el, ella, ello, & lo,*   il & lui, elle, ce.
    Gén. *de el, de ella, de la, de ello,* } de lui, d'elle, de ce.
     de lo,
    Dat. *à el, al, para el, & le, à ella,* } à lui, lui, à elle & lui, à ce.
     à ello, à lo,
    Acc. *à el, al, & le ou lo, à la ou la,* } à lui, lui, le, à elle, à ce.
     à ello, à lo ou lo,
    Abl. *por, con, fin, en, de, defde el,* } par, avec, fans, en, dans,
     ella, la, ello & lo, } de, depuis, lui, elle, ce.

Plur. Nom. *ellos, ellas,*   eux, elles.
    Gén. *de ellos, de ellas,*   d'eux, d'elles.
    Dat. *à, para ellos, ellas & les,* } à eux, à elles, pour eux, &c.
     } & leur.
    Acc. *à ellos, à ellas, los, las & les,*   à eux, à elles, & les.
    Abl. *por ellos, ellas,*   par eux, elles.

Des Pronoms réciproques.

Les pronoms fubftantifs & perfonnels, appellés *réciproques,*
ne font autre chofe que les accufatifs de *yo* & *tu,* & l'accufatif *fe.* Ils fe déclinent ainfi :

       Pour le Singulier.

me, te, fe, (accufatif),   me, te, fe.

Pour le Pluriel.

nos, *vos* & *os*, *ſe*,   nous, vous, ſe.

Il faut remarquer que le pronom *ſe* ſe décline ſans nominatif. On met à ſa place les nominatifs des autres pronoms comme *el miſmo.*

Nom.	ſoi-même.
Gén. *de ſi,*	de ſoi.
Dat. *à ſi, para ſi,* & *ſe,*	à ſoi.
Acc. *à ſi* & *ſe,*	à ſoi, ſoi-même, & ſe.
Abl. *por, en, de, deſde ſi, conſigo,*	par, en, à, de, depuis ſoi, avec ſoi.

Il faut remarquer en outre que le pronom *ſe* n'eſt point ſignificatif ſubſtantivement, lorſqu'il ſe joint à un verbe. Il peut pour lors ſignifier la réciprocité de l'action ; comme *ſentarſe,* s'aſſeoir : il peut encore ſignifier le paſſif, ce qui eſt très-élégant en Eſpagnol ; comme la *carta ſe eſcrive,* la lettre s'écrit, au lieu de dire *la carta es eſcrita,* la lettre eſt écrite ; *ſe dice,* ſe dit, on dit. On y emploie le *ſe* pour exprimer la maniere neutre ou imperſonnelle des verbes.

Des Pronoms perſonnels & relatifs.

Les pronoms relatifs ſont *que,* qui & que ; *qual,* quel, quelle, & *quien,* qui ; *cuyo, cuya,* dont ; & voici leur déclinaiſon ; le relatif *que* eſt de tout genre, ſingulier & pluriel.

S. & Pl. Nom. *que,*	qui, que, & quoi.
Gén. *de que,*	de qui, dont, de quoi.
Dat. *à, para que,*	à, pour qui, quoi.
Acc. *à que* & *que,*	à qui, que, à quoi, quoi.
Abl. *con que, ſin que,* &c.	avec qui, de quoi, ſans quoi, &c.

Le relatif *que* ſe trouve ainſi, ſans article, uni à un verbe dont il eſt le ſujet au nominatif, ou un des autres cas. On le trouve employé de même avec l'article.

Sing. Nom. *el que, la que, lo que,*	La déclinaiſon Françoiſe eſt
Gén. *del, de el que, la que, lo que,*	la même que la précédente,
Dat. *à, para, al que, à la que, à lo que,*	en obſervant que le *Que* &
Acc. *al, à el que, que, à la que, à lo que,*	le *Quôi* ſont pour le neutre.
Abl. *con el que, por lo que, de lo que,*	
Plur. Nom. *los que, las que,*	ceux qui, celles qui.
Gén. *de los que, de las que,*	de ceux qui, de celles qui.
Dat. *à, para los que, las que,*	à ceux qui, à celles qui.
Acc. *à los, à las que, los, las que,*	à ceux qui, à celles qui.
Abl. *con los que, con las que,*	par ceux qui, de celles qui.

Le relatif *que* neutre, mis après un verbe pour déterminer le fens de celui qui le fuit, eft auffi exprimé en François par le relatif neutre *que*, & ne fe décline point, comme *dicen que vendrè*, on dit que je viendrai.

Le relatif *que* peut être interrogatif, & pour lors, il n'a point d'article, mais bien les prépofitions de tous les cas.

Quelquefois le relatif *que*, fans article ou avec article, peut s'exprimer en François par *quel*, & *lequel*, de la même maniere que le *quel* du François peut s'exprimer par *que*, *qual* ou *el qual* en Efpagnol. Ce dernier, lorfqu'il eft auffi interrogatif, ne porte point d'article.

Sing. Nom. *qual ou el qual, la qual, lo qual,* quel, lequel, laquelle, ce qui.

Gen. *de qual, del qual, de la qual,* } du quel, de laquelle, de quoi.
    de lo qual,

Dat. *à, para el qual, à la qual, à* } auquel, à laquelle, à quoi.
    lo qual,

Acc. *à qual, al qual, qual, à la qual,* } à quel, à laquelle.
    & *qual, a lo qual, & lo qual,*

Voc. *o qual,*   ô quel.

Abl. *con qual, con el qual, de la* } par quel, de laquelle, par
    qual, por lo qual,   quoi.

Plur. Nom. *quales, los quales, las quales,* quels, lefquels, lefquelles.

Gén. *de quales, de los quales, de las* } defquels, defquelles.
    quales,

Dat. *à quales, à los quales, à las* } auxquels, auxquelles.
    quales,

Acc. *à quales, à los quales, à las* ⌐ auxquels, quels, lefquels,
    quales, quales, los quales, } auxquelles, quelles, lef-
    las quales,   ⌐ quelles.

Voc. *o quales,*   ô quels, ô quelles.

Abl. *por quales, por los quales, por* } par lefquels, lefquelles, de
    las quales,   quels, de quelles.

Le relatif *quien* ne porte jamais d'article, & ne fe rapporte qu'aux perfonnes vivantes, & aux animaux nobles feulement; jamais aux chofes inanimées. Il peut être interrogatif, & répond au *qui* françois, au fingulier & au pluriel.

Sing. Nom. *quien,* (mafculin ou fémin.), qui.
   Gén. *de quien,*   de qui.
   Dat. *para quien,*   à qui.
   Acc. *à quien, quien,*   à qui, qui.

Voc. *o quien*,	ô qui.
Abl. *por quien*,	de qui.
Plur. Nom. *quienes*,	qui.
Gén. *de quienes*,	de qui.
Dat. *para quienes*,	à qui.
Acc. *à quienes, quienes,*	à qui, qui.
Abl. *por quienes,*	par qui.

Le relatif *cuyo, cuya, cuyo,* de qui, duquel, de laquelle, de quoi, se décline comme les pronoms adjectifs possessifs, & en a la signification. Il s'accorde avec le substantif masculin ou féminin, auquel il se joint en le précédant toujours, pour marquer la possession du substantif qui le précede ; *cuya declinacion pongo aqui,* dont je mets ici la déclinaison. Il peut être interrogatif, & ne porte jamais d'article.

Nom. *cuyo, cuya, cuyo,*	En François, il s'exprime toujours
Gén. *de cuyo, de cuya, de cuyo,*	par le génitif *de qui, duquel, de*
Dat. *à cuyo, à cuya, à cuyo,*	*laquelle, dont* ; & le substantif
Acc. *à cuyo, à cuya, à cuyo, cuyo,*	*qui,* en Espagnol, s'accorde avec
cuya, cuyo,	*cuyo, cuya,* précede toujours
Abl. *por cuyo, por cuya, por cuyo,*	ces génitifs en François.

On joint aux relatifs propres les mots suivans, comme des relatifs impropres. Nous les laissons dans la même classe, n'ayant rien de particulier à dire à leur sujet, si ce n'est qu'ils répondent en tout à ceux de la langue françoise, qui les traduit exactement, tant au singulier qu'au pluriel.

Sing. *qualquiera, quienquiera,*	quiconque, quelque.
Plur. *qualesquiera, quienesquiera,*	quiconque, quelques.
alguno, alguien, alguna,	quelqu'un, quelqu'une.
algunos, algunas,	quelques-uns, quelques-unes.
nadie, ninguno,	aucun, personne.
ningunos, ningunas,	aucuns, aucunes.

Des Pronoms adjectifs.

Les pronoms adjectifs font ceux qui ne peuvent aller seuls dans le discours : tels sont les démonstratifs & les possessifs, ainsi que le relatif dont nous venons de parler, *cuyo, cuya, cuyo.*

Les pronoms démonstratifs sont les suivans :

| Sing. *este, esta, esto,* | celui-ci, celle-ci, ceci. |
| Plur. *estos, estas, esto,* | ceux-ci, celles-ci, ceci. |

Sing. *ese, esa, eso,*	celui-là, celle-là, cela.
Plur. *esos, esas, eso,*	ceux-là, celles-là, cela.
Sing. *aquel, aquella, aquello,*	celui-là, celle-là, cela.
Plur. *aquellos, aquellas, aquello,*	ceux-là, celles-là, cela.

Des Pronoms possessifs.

Les pronoms possessifs sont ceux qui indiquent possession ou propriété d'une chose, comme :

Sing. *mio, mia, mio,*	mien, mienne, mon.
Plur. *mios, mias, mio,*	miens, miennes, mon.
Sing. *tuyo, tuya, tuyo,*	tien, tienne, ton.
Plur. *tuyos, tuyas, tuyo,*	tiens, tiennes, ton.
Sing. *suyo, suya, suyo,*	sien, sienne, son.
Plur. *suyos, suyas, suyo,*	siens, siennes, son.

Ce sont les pronoms possessifs, tels qu'ils se trouvent dans le discours après le substantif auquel ils s'unissent ; mais lorsque le discours demande qu'ils soient placés avant le même substantif, ils perdent leur derniere voyelle, & alors gardent la même terminaison pour tous les cas ; ce qui est à-peu-près de même qu'en François.

Sing. *mi,*	mon, ma, mon.
Plur. *mis,*	mes.
Sing. *tu,*	ton, ta, ton,
Plur. *tus,*	tes.
Sing. *su,*	son, sa, son, leur.
Plur. *sus,*	ses, leurs.

LEÇON SEPTIEME.

Des Verbes.

Le verbe est une partie de l'oraison qui marque l'action, l'essence même, & l'existence étant des actions de la nature.

Les verbes sont actifs, neutres, & réciproques ; c'est-à-dire, que tous les actifs, & plusieurs des neutres peuvent devenir réciproques, en y joignant un des pronoms réciproques : car, à proprement parler, aucun verbe n'est réciproque par lui-même.

Le verbe passif est composé du verbe *ser*, être, & du participe passé du verbe qu'on veut faire passif.

Le verbe neutre est celui dont la signification ne passe pas de l'agent ou sujet à autre chose, & qui ne peut gouverner un accusatif. Lorsque le verbe est neutre, on ne peut tourner la phrase au passif.

C'est ainsi qu'on peut reconnoître toujours les verbes actifs, & en même temps leur sujet ou leur accusatif, en tournant l'actif en passif. Exemple ; *amais la virtud*, vous aimez la vertu ; *la virtud es amada de vosotros*, la vertu est aimée de vous. On voit le même sens au passif qu'il y avoit à l'actif, malgré que *la vertu*, qui étoit à l'accusatif dans la tournure active, soit au nominatif dans la phrase passive. Dans les verbes neutres, c'est tout le contraire ; *je dors, je ris, il marche*, n'ont point de passif, & ne gouvernent pas d'accusatif.

Ayant ainsi distingué la nature des verbes, passons à leur étymologie. Cette partie de l'oraison a été toujours si mal traitée dans les grammaires, que les gens de lettres s'effrayent avec raison d'entreprendre l'étude d'une langue aussi belle, & aussi facile d'ailleurs que l'Espagnole : mais nous allons leur ôter cette crainte en peu de pages.

Un verbe se varie & se conjugue par modes, par temps, par personnes, & par nombres ; & il est toujours indiqué par sa racine ou l'infinitif. Le verbe a deux nombres, le singulier & le pluriel, par rapport aux personnes qui peuvent être le nominatif ou le sujet d'un verbe. Il a trois personnes ; la premiere est celle qui est, dit, ou fait, en parlant elle-même, comme *yo*, je ou moi ; la seconde est celle à qui l'on parle, comme *tu*, toi ; la troisieme est celle de qui l'on parle, comme *el*, il, ou un de tous les noms substantifs, au singulier ou au pluriel.

Ainsi donc, le verbe s'accommode à chacune de ces personnes, au singulier & au pluriel, par différentes terminaisons ; & ces terminaisons s'appellent aussi *personnes du verbe*, étant toujours différentes dans chaque temps : & outre ceux qui sont pris de la nature, comme le présent, le passé, le futur, le besoin en a fait imaginer d'autres qui répondent à différentes nuances & combinaisons, & qui ont donné de la facilité & de la clarté pour l'usage de la parole.

Les temps, par lesquels se varie un verbe, sont simples & composés, parce qu'aucune des langues qui sont sorties de la Latine, n'a pu conserver en entier la formation des

temps

temps fimples comme elle, quoiqu'elles aient confervé les modes.

Les modes font les manieres de faire ufage du verbe, & chacune de ces manieres contient tous les temps poffibles : ces modes font au nombre de quatre, indicatif, impératif, optatif & infinitif ; mots qui indiquent d'eux-mêmes l'ufage du verbe.

L'indicatif contient huit temps, quatre fimples & quatre compofés avec le verbe auxiliaire, comme en François ; l'impératif, un ; l'optatif, fix ; & l'infinitif, quatre. Il y a, en outre, les participes & les gérondifs.

Les quatre temps fimples doivent fe former de la racine de chaque verbe. Il faut favoir que tous les verbes de la langue efpagnole font réduits à trois racines, *ar*, *er*, *ir*. En changeant donc ces finales *ar*, *er*, *ir*, dans les finales de toutes les perfonnes, comme nous allons les donner ici, tout le verbe fera formé : ce qui eft général pour tous les verbes des trois conjugaifons.

Voyez le Tableau des conjugaifons des Verbes réguliers.

Prenons pour exemple le verbe *matar*, tuer ; ôtons-lui la finale *ar*, il nous refte *mat*, qui font les lettres radicales : en y joignant toutes les finales des perfonnes du préfent, on aura *mat-o*, *mat-as*, *mat-a* ; *mat-amos*, *mat-ais*, *mat-an*.

Prenons un verbe de la feconde conjugaifon *leer*, lire ; ôtons-lui la fyllabe *er*, il nous refte les lettres radicales *le* : en y joignant toutes les finales du parfait paffé, on aura toutes les perfonnes de ce temps ainfi : *le-i*, *le-ifte*, *le-yo* ; *le-imos*, *le-ifteis*, *le-yeron*.

Prenez un verbe de la troifieme conjugaifon, *concurrir*, & il en fera de même.

Nota. La troifieme conjugaifon convient avec la feconde, dans tous les temps & perfonnes que nous y avons fupprimés. Il faudra donc lire un verbe de la troifieme dans les temps de la feconde, excepté les temps & perfonnes marqués dans la troifieme colonne.

Variations de la Conjugaison.

Tous les verbes actifs ou neutres, réguliers ou irréguliers, peuvent devenir réciproques, en y ajoutant, devant ou après, un des pronoms réciproques ; *me* pour la premiere personne, *te* pour la seconde, & *se* pour la troisieme du singulier ; *nos* pour la premiere, *os* pour la seconde, & *se* pour la troisieme du pluriel, ainsi qu'il suit :

Premiere variation.

	Présent.	Imparf.	Passé.	Futur.
Indicat.	*yo me amo,*	*tu te amabas,*	*el se amó,*	*nosotros nos amarémos.*
	je m'aime,	tu t'aimois,	il s'aima,	nous nous aimerons.

	Présent de l'optatif.	Imparf.	
vosotros os ameis,	*ellos se amaran,*	*se amerian,* ou *se amasen.*
que vous vous aimiez,	s'ils s'aimoient,	qu'ils s'aimeroient, ou s'aimassent.

On fait usage de tous les verbes imperfonnellement ; ou bien on les rend tous imperfonnels, en prenant, soit la troifieme perfonne du fingulier avec le réciproque *se*, soit la troifieme perfonne du pluriel fans le réciproque, ainfi :

Seconde variation.

	Présent.	Imparf.	Passé.	Futur.
Indicat.	*se dice,*	*se decia,*	*se dixo,*	*se dira.*
	dicen,	*decian,*	*dixeron,*	*diran.*
	on dit,	on difoit,	on dit,	on dira.

	Présent de l'optat.	Imparf.		
	se diga,	*se dixera,*	*se diria,*	*se dixeffe.*
	digan,	*dixeran,*	*dirian,*	*dixeffen.*
	qu'on dife,	fi l'on difoit,	que l'on diroit,	que l'on dit.

Nota. Le verbe *haber*, avoir, fait à la troifieme perfonne du préfent de l'indicatif *hai*, il y a.

Tous les verbes actifs feuls, & non les verbes neutres, peuvent devenir paffifs, en prenant le verbe *fer*, être, & y joignant le participe paffé du verbe actif, ainfi qu'il suit :

Troifieme variation.

	Présent.	Imparf.	Passé.	Futur.	Imp. de l'opt.
Indicat.	*foi amado,*	*era amado,*	*fui amado,*	*feré amado,*	*fuerá amado.*
	je suis aimé,	j'étois aimé,	je fus aimé,	je serai aimé,	si j'étois aimé, &c.

Nota. Le verbe *être*, en François, sert indifféremment d'auxiliaire à certains verbes neutres, & à tous les réciproques, ou réfléchis, ainsi que pour former le passif; comme auxiliaire, il forme les temps composés. Les François commençans traduisent alors par le verbe espagnol *ser*, ce qu'ils devroient traduire par le verbe *estar*. Cette remarque pourra leur servir de regle sûre pour distinguer l'emploi & la différence qu'il y a de *ser* à *estar*, qui sont traduits en François par le seul verbe *être*.

Exemple.

Je suis assis.	Le jardin étoit bien fleuri.
Estoi sentado.	*El jardin estaba bien florido.*
Il étoit tard lorsque nous fumes arrivés.	Cela ne put être fait avant.
Era tarde quando hubimos llegado.	*Eso no pudo ser echo antes.*
Cela est fait.	
Esto es echo.	

Nota. Le passif des verbes actifs, ainsi formé par le verbe *ser*, & le participe passé d'un autre verbe, peut être suppléé par l'actif de son verbe & le réciproque *se*, qui pour lors devient une marque du passif, & peut s'appeller le *se* passif. Et cette maniere de suppléer le passif en Espagnol, est la plus familiere & la plus élégante.

Exemple.

Rome fut bâtie.	Voilà ce qui fut dit.	La vérité n'est point écoutée.
Roma fue edificada.	*Ve ai lo que fue dicho.*	*La verdad no es oida.*
Edificose Roma.	*Ve ai lo que se dixo.*	*No se oye, ó escucha la verdad.*

Quatrieme variation.

La quatrieme variation des verbes est celle qui se prend du futur de l'infinitif, comme racine, & en l'accommodant à toutes les personnes de tous les temps, par la même formule de *haber de.* On traduit, en François, par le verbe *devoir*, dont nous indiquerons seulement les premieres personnes.

Indic. *he de amar,*	*habia de amar,*	*hube de amar,*	*habré de amar.*
je dois aimer,	je devois aimer,	je dus aimer,	je devrai aimer.
he de haber amado,	*habia de haber amado,*	*hube de haber amado,*	*habré de haber amado,*
j'ai dû aimer,	j'avois dû aimer,	j'eus dû aimer,	j'aurai dû aimer, &c.

C 2

LEÇON HUITIEME.

Des irrégularités des Verbes.

Premiere irrégularité.

IL eſt des verbes de la premiere, de la ſeconde & de la troiſieme conjugaiſon, qui changent leur *o* radical en *ue*, ou leur *e* en *ie*, dans les trois perſonnes du ſingulier, & la derniere du pluriel du préſent de l'indicatif, impératif & optatif, les deux premieres perſonnes du pluriel reſtant régulieres.

Exemple. *Poder, Tender.*

Préſent. *Puedo, puèdes, puede.*
   Tiendo, tiendes, tiende.
   Podemos, podeis, pueden.
   Tendemos, tendeis, tienden.

Impérat. *Puede, pueda, podamos, poded, puedan.*
   Tiende, tienda, tendamos, tended, tiendan.

Préſent de l'optat. *Pueda, puedas, pueda ; podamos, podeis, puedan.*
     Tienda, tiendas, tienda ; tendamos, tendais, tiendan.

Catalogue des Verbes qui changent l'*o* en *ue* des trois conjugaiſons.

De la premiere conjugaiſon.

Acoſtar,	coucher.	*deſaprobar,*	déſapprouver.
acordar,	accorder.	*deſcolar,*	jaillir.
agorar,	augurer.	*deſconſolar,*	déſoler.
almorzar,	déjeûner.	*deſcontar,*	{ décompter, eſ- compter.
amolar,	aiguiſer.		
apoſtar,	parier.	*deſengroſar,*	maigrir.
aprobar,	approuver.	*deſolar,*	déſoler.
abolar,	ruiner.	*deshollar,*	écorcher.
avergonzar,	faire honte.	*deſpoblar,*	dépeupler.
colar,	{ couler & non coller.	*deſtrocar,*	défaire un troc.
		deſvergonzarſe,	perdre la honte.
comprobar,	{ approuver, éprouver.	*emporcar,*	ſalir.
		encordar,	corder.
conſolar,	conſoler.	*encontrar,*	trouver.
contar,	conter.	*engroſar,*	groſſir.
coſtar,	coûter.	*esforzar,*	s'efforcer.
demoſtrar,	démontrer.	*holgar,*	réjouir.

hollar,	fouler.	*resonar*,	résonner.
mostrar,	montrer.	*revolar*,	revoler.
poblar,	peupler.	*revolcar*,	se vautrer.
probar,	prouver.	*rodar*,	rouler.
recordar,	faire souvenir.	*soldar*,	souder.
recostar,	coucher.	*soltar*,	lâcher.
reforzar,	renforcer.	*sonar*,	sonner.
regoldar,	rotter.	*soñar*,	rêver.
renovar,	renouveller.	*tostar*,	rôtir.
reprobar,	réprouver.	*trocar*,	trocquer.
rescontrar,	rencontrer.	*tronar*,	tonner.
resollar,	respirer.	*volar*,	voler.
resoldar,	résoudre.	*volcar*,	verser.

De la seconde conjugaison.

Cocer,	cuire.	*moler*,	moudre.
condoler,	faire condoléance.	*morder*,	mordre.
comover,	émouvoir.	*mover*,	mouvoir.
demioler,	démolir.	*oler*,	sentir.
desenvolver,	développer.	*poder*,	pouvoir.
destorcer,	détordre.	*promover*,	élever en grade.
devolver,	remettre.	*recocer*,	recuire.
disolver,	dissoudre.	*remorder*,	remordre.
doler,	faire mal.	*remover*,	rémouvoir.
envolver,	envelopper.	*resolver*,	résoudre.
escocer,	cuire.	*retorcer*,	retordre.
llover,	pleuvoir.	*volver*,	revenir.

De la troisieme conjugaison.

Morir,	mourir.
dormir,	dormir.

Catalogue des Verbes des trois conjugaisons qui changent l'e en ie.

De la premiere conjugaison.

Acertar,	toucher au blanc, réussir, deviner.	*atravesar*,	traverser.
		aventar,	jetter au vent.
		calentar,	chauffer.
acrecentar,	agrandir.	*cegar*,	aveugler.
adestrar,	bannir.	*cerrar*,	fermer.
alentar,	encourager.	*comenzar*,	commencer.
apacentar,	paître.	*concentrar*,	concentrer.
apretar,	serrer.	*confesar*,	confesser.
arrendar,	affermer.	*decentar*,	rendre décent.
asentar,	asseoir.	*denegar*,	dénier.
aserrar,	scier.	*derrengar*,	faire crever.
aterrar,	atterrer.	*desacertar*,	mal réussir.

C 3

defalentar,	décourager.	*herrar*,	ferrer.
defapretar,	deſſerrer.	*invernar*,	hiverner.
defaſoſegar,	inquiéter.	*mentar*,	faire mention.
defconcertar,	déconcerter.	*merendar*,	goûter.
defempedrar,	dépaver.	*negar*,	nier.
defencerrar,	{ ouvrir & lâcher.	*nevar*,	neiger.
		penſar,	penſer.
deshelar,	dégeler.	*quebrar*,	caſſer.
defpernar,	caſſer les jambes.	*recomendar*,	recommander.
defpertar,	éveiller.	*renegar*,	renier.
defterrar,	bannir.	*requebrar*,	faire l'amour.
defenterrar,	déterrer.	*retentar*,	tâter, toucher.
empedrar,	paver.	*reventar*,	crever.
empezar,	commencer.	*ſegar*,	moiſſonner.
encerrar,	enfermer.	*ſembrar*,	ſemer.
encomendar,	recommander.	*ſentar*,	poſer.
enterrar,	enterrer.	*ſoſegar*,	tranquilliſer.
		ſoterrar,	mettre ſous terre.
eſcarmentar,	{ châtier pour l'exemple.	*ſubarrendar*,	ſous-affermer.
		temblar,	trembler.
fregar,	frotter.	*tentar*,	tènter.
governar,	gouverner.	*traſegar*,	transférer.
helar,	geler.	*tropezar*,	trébucher.

De la ſeconde conjugaiſon.

Aſcender,	monter.	*encender*,	allumer.
atender,	faire attention.	*eſtender*,	étendre.
cerner,	tamiſer.	*heder*,	puer.
condeſcender,	condeſcendre.	*hender*,	fendre.
contender,	diſputer.	*perder*,	perdre.
defender,	défendre.	*reverter*,	revenir.
defatender,	{ ne pas faire attention.	*tender*,	tendre.
		traſcender,	étendre au-delà.
defentender,	ne pas entendre.	*verter*,	verſer.

De la troiſieme conjugaiſon.

Sentir,	ſentir.	*digerir*,	digérer.
adherir,	adhérer.	*diſentir*,	{ être d'avis contraire.
advertir,	aviſer.		
arrepentirſe,	ſe repentir.	*hervir*,	bouillir.
aſentir,	convenir.	*ingerir*,	inſérer.
conferir,	donner.	*invertir*,	renverſer.
conſentir,	conſentir.	*mentir*,	mentir.
controvertir,	diſcuter.	*pervertir*,	pervertir.
convertir,	convertir.	*preſentir*,	preſſentir.
deferir,	être du même avis.	*referir*,	raconter.
defmentir,	démentir.	*requerir*,	requérir.
diferir,	différer.	*reſentir*,	reſſentir.

Deuxieme irrégularité.

Tous les verbes terminés à leur racine en *car* & *gar*, conservent la même analogie par *qu* & *gu*, dans tous les temps & personnes terminés par *e* ; Exemple : *sacar*, tirer dehors ; *rogar*, prier.

Passé. *Yo saqué.* Impérat. *Saque el.* Présent optat. *Saque.*
    yo rogué.   *ruegue el.*   *ruegue.*

Troisieme irrégularité.

Tous les verbes dont la racine est en *cer* & *cir*, reçoivent un *z* avant le *c* dans la première personne seulement du présent de l'indicatif & optatif ; comme *conocer*, *conozco* ; *lucir*, *luzco*.
conozca,   *luzca*.

Hacer fait *hago*, *haga* ; *decir* *digo*, *diga*.

Quatrieme irrégularité.

Tous les verbes qui ont leur racine en *ner* & *nir*, reçoivent un *g* dans toutes les personnes terminées en *o* & *a* ; comme : *poner*, *pongo*, *ponga* ; *tener*, *tengo*, *tenga*, &c. *Venir*, *vengo*, *venga*. Exceptez *cerner*, *cierno*.

Cinquieme irrégularité.

Il est des verbes de la troisieme conjugaison qui changent l'*e* en *i*, dans les mêmes personnes & temps que ceux de la premiere irrégularité ; en voici la liste :

Pedir,	demander.	*gemir*,	gémir.
ceñir,	ceindre.	*medir*,	mesurer.
colegir,	inférer.	*perseguir*,	persécuter.
competir,	rivaliser.	*proseguir*,	continuer.
concebir,	concevoir.	*reir*,	rire.
conseguir,	obtenir.	*rendir*,	rendre.
constreñir,	contraindre.	*reñir*,	se battre.
corregir,	corriger.	*repetir*,	répéter.
derretir,	fondre.	*reteñir*,	reteindre.
desceñir,	ôter la ceinture.	*revestir*,	revêtir.
desteir,	délayer.	*seguir*,	suivre.
despedir,	congédier.	*servir*,	servir.
desteñir,	déteindre.	*sonreir*,	sourire.
elegir,	élire.	*teñir*,	teindre.
engreirse,	s'énorgueillir.	*vestir*,	vêtir.
expedir,	expédier.	*venir*,	venir.
freir,	frire.	*decir*,	dire.

Il faut encore obferver, à l'égard de ces verbes, que leur paffé & les temps qui en dépendent fe forment ainfi :

Vefti, veftifte, viftio ; veftimos, veftifteis, viftieron ; viftieru, viftiefe.

Sixieme irrégularité.

Tous les verbes qui ont quelque irrégularité dans le paffé d'indicatif, ont la même irrégularité dans la premiere & troifieme terminaifon de l'imparfait de l'optatif, ainfi que dans le futur du même mode.

Exemple. *Caber*, tenir.

Indicatif.

Préfent. *Quepo*, &c. Les autres perfonnes, ainfi que celles de l'imparfait, font régulieres.

Paffé. *Cupe, cupifte, cupo ; Cupimos, cupifteis, cupieron.*

Optatif.

Imparf. *Cupiera,*   *cupiefe,* } pour les autres perfonnes de l'imparfait
Futur. *Cupiere,*   } & du futur, fuivez la même analogie.

Autre exemple. *Querer*, vouloir.

Indicatif.

Paffé. *Quife, quififte, quifo ; quifimos, quififteis, quifieron.*

Optatif.

Imparf. *Quifiera,*   *quifiefe,* } fuivez la même analogie.
Futur. *Quifiere*, &c.

Autre exemple. *Tener*, tenir.

Indicatif.

Paffé. *Tuve, tuvifte, tuvo.*

Optatif.

Imparf. *Tuviera,*   *tuviefe,* &c. } fuivez la même analogie.
Futur. *Tuviere*, &c.

Septieme irrégularité.

Elle eft de verbes qui en ont une dans le futur de l'indi-catif. Elle fe retrouve conftamment dans la feconde termi-naifon de l'imparfait de l'optatif, comme dans les exemples donnés.

Caber.

Futur. *Cabré, cabras*, &c.
Optat. imparf. *Cupiera, cabria, cupiefe.*

Querer.

Futur. *Querré, querras, &c.*
Optat. imparf. *Quisiera, querria, quisiese.*

Tener.

Futur. *Tendré, tendrás, &c.*
Optat. imparf. *Tuviera, tendria, tuviese.*

Huitieme irrégularité.

Elle est particuliere aux verbes *estar, ser, dar, ir*, qui reçoivent un *i* de plus à la formation réguliere *esto, so, do, vo*, ce qui fait *estoi, soi, doi, voi*; ces verbes devenant réguliers pour les autres personnes, selon leur analogie.

D'après cette maniere de considérer les irrégularités de la langue espagnole, on va voir la liste des verbes qui en ont dans le passé & dans le futur de l'indicatif, ce qui indiquera celles de l'optatif.

Liste des Verbes irréguliers, au passé & au futur, de la premiere conjugaison.

Premiere conjugaison.

Racine.	Présent.	Passé.	Futur.	Impératif.
Dar.	doi,	di.		
Estar.	estoi,	estuve.		
Andar.	ando,	anduve.		
Jugar.	juego,	jugué,		juega, juegue.

Seconde conjugaison.

Racine.	Présent.	Passé.	Futur.	Impératif.	
Haber.	he, has, ha,			he,	haya.
	habemos, habeis, han,	hube,	habré,	habed,	hayan.
Hacer.	hago,	hize,	haré,	haz,	haga.
				haced,	hagan.
Caber.	quepo,	cupe,	cabré,	cabe,	quepa.
	cabes,			cabed,	quepan.
Poner.	pongo,	puse,	pondré,	pon,	ponga.
				poned,	pongan.
Querer.	quiero,	quise,	querré,		
Saber.	se,	supe,	sabré,	sabe,	sepa.
	sabes,			sabed,	sepan.
Tener.	tengo,	tube,	tendré,	ten,	tenga.
	tienes,			tened,	tengan.
Traher.	traigo,	traxe, truxe,		trahe,	traiga.
	trahes,			trahed,	traigan.
Valer.	valgo,		valdré,	vale,	valga.
Leer.		el leyó.			
Creer.		el creyó.			

Placer.	plazco,	plugue,	placeré;		plazga,
	plazgo,	plugo,			plegue.
Caer.	caigo,	cai,			caiga.
Poder.	puedo,	pude,	podré,	puede,	pueda.

Troisieme conjugaison.

Conducir.	conduzco,	conduxe,		conduce,	conduzca.
				conducid,	conducan.
Dormir.	duermo,	durmi,			
Pedir, &	} pido,	{ pedi, &	{ pediré, &	(Voyez la cinquieme	
Pidir.		{ pidi,	{ pidiré,	irrégularité).	

Nota. Tous ces verbes ont au passé la même irrégularité de changer l'*e* en *i* dans la troisieme personne du singulier & du pluriel, d'où il faut former l'irrégularité de l'imparfait de l'optatif.

Venir.	vengo,	vine,	vendré,	ven,	venga.
	vienes,			venid,	vengan.
Asir.	asgo,			asé,	asga.
	ases,			asid,	asgan.
Decir.	digo,	dixe,	diré,	di,	diga.
	dices,			decid,	digan.
Podrir.	pudro,	pudri,	pudriré,	pudre,	pudra.
	pudres,			podrid,	pudran.
	pudre,				
	podrimos,				
	podris,				
	pudren,				
Oir.	oigo,			oye,	oyga.
	oyes,			oid.	oigan.
Salir.	salgo,		saldré,	sal,	salga.
	sales,			salid,	salgan.

Racine.	Présent.	Passé.	Futur.		Impératif.
Ir.	voi,	fui,	iré,	ve,	vaya.
	vas,	fuiste,	iras, &c.	id,	vayan.
	va,	fué,		vayamos,	
	vamos,	fuimos,		& vamos,	
	vais,	fuisteis,			
	van,	fueron,			
Imparfait.					
iba,					
ibas, &c.					

Nota. L'imparfait de l'indicatif n'est jamais irrégulier; le présent de l'optatif a la premiere personne, comme la troisieme de l'impératif.

Le préſent d'indicatif ſe termine toujours en *o* ; l'imparfait en *aba* & *ia* ; le paſſé en *é* ou *i* ; le futur en *ré* ; l'impératif en *a e* pour la premiere conjugaiſon, & *e a* pour la ſeconde & troiſieme ; le préſent de l'optatif en *e* ou *a* ; l'imparfait en *ra*, *ria*, *ſe* ; le futur en *re*, ſans accent à la derniere ſyllabe ; l'infinitif en *ar*, *er*, *ir*.

Les verbes défectueux ſont ceux auxquels il manque pluſieurs perſonnes, comme :

Amanecer,	commencer à faire jour.
anochecer,	commencer à faire nuit.
eſcarchar,	faire gelée blanche.
helar,	geler.
graniʒar,	grêler.
llover,	pleuvoir.
lloviʒnear,	pleuvoir menu.
nevar,	neiger.
relampaguear,	faire des éclairs.
tronar,	tonner.
placer,	plaire.

dont la plupart n'ont que la troiſieme perſonne du ſingulier ; mais l'uſage en apprendra le détail.

Tous les verbes compoſés ſe conjuguent comme leurs ſimples.

Nous avons réſervé pour la fin le verbe *ſer*, être, qui, à proprement parler, n'eſt d'aucune conjugaiſon ; c'eſt le verbe latin *ſum*, traduit dans la plupart de ſes temps. Nous le mettons ici dans le même ordre que les autres, parce que ſa formation eſt la même, d'après les regles que nous avons données pour toutes les irrégularités. On peut en dire de même du verbe *ir*, aller, dont nous avons donné la conjugaiſon.

INDICATIF.

Racine.	Préſ.	Imparf.	Paſſé.	Futur.	Impératif.	
Ser.	ſoi,	era,	fui,	ſeré,	ſe,	ſea.
	eres,	eras,	fuiſte,	ſerás,	ſed,	ſean.
	es,	era,	fue,	ſerá,		
	ſomos,	eramos,	fuimos,	ſerémos,		
	ſois,	erais,	fuiſteis,	ſereis,		
	ſon,	eran,	fueron,	ſerán,		

OPTATIF.

Préſ.	Imparf.			Futur.
ſea,	fuera,	ſeria,	fueſe,	fuere.
ſeas, &c.	fueras,	ſerias,	fueſes, &c.	fueres, &c.

LEÇON NEUVIEME.

Du Participe.

LE participe eſt une partie de l'oraiſon qui dérive du verbe : ſa propriété eſt de ſignifier la perſonne & l'action enſemble, & de gouverner ou avoir le même régime que le verbe. Ces trois choſes étant néceſſaires pour conſtituer un participe, il s'enſuit qu'aucun participe, pris comme adjectif, ne peut être dit vraiment participe, quoiqu'il ſoit très-uſité de les nommer ainſi.

Le participe eſt nommé tel, parce qu'il participe du verbe, & ſe décline comme un nom adjectif.

Il y a des participes du préſent, qui ſe terminent en *ante* & *iente*, comme *eſtante*, étant ; *viniente*, venant, & marquent l'action : des participes du paſſé terminés en *ado* & *ido*, qui marquent le paſſif, comme *amado*, aimé ; *venido*, venu.

Le participe de futur, ſuppléé par la formule de l'auxiliaire ; *el que ha de ar, er, ir*, celui qui doit aimer, qui marque une action ; & dont le paſſif ſe forme par le verbe *ſer* : *el que ha de ſer amado*, celui qui doit être aimé, & les autres ſelon la différence des temps.

Le participe de temps compoſé ſuppléé de même par la formule de l'auxiliaire ; comme *el que ha de haber ado, ido*, celui qui doit avoir aimé, dont le paſſif eſt : *el que ha de haber ſido amado*, celui qui a dû être aimé.

Participe du préſent.

La langue eſpagnole fait à peine uſage de ce participe du préſent des verbes actifs avec le régime du verbe, excepté dans quelques formules des actes publics, comme *ſe haciente*, faiſant foi ; *derecho habiente*, ayant droit : & l'on ne dira pas *el hombre amante la virtud*, *oyente la verdad*, *eſcribiente la carta*, *tomante la leccion*, l'homme aimant la vertu, écrivant la lettre, prenant la leçon.

Au contraire, on fait uſage de ces participes, comme étant de ſimples adjectifs, & l'on dira très-bien : *hombre amante de la virtud* ; *eſcribiente de la carta* ; mais on ne dira point, *tomante de la leccion*, parce que l'ufage, qui eft le fouverain maître dans toutes les langues, ne permet pas de tirer ce participe du verbe *tomar*, non plus que de bien d'autres. Il faut donc confulter l'ufage, & ne pas former ces participes indiftinctement.

Les participes provenans des verbes actifs ou neutres avec le régime du génitif, datif, accufatif de mouvement & ablatif, font plus communs, ou, pour mieux dire, tiennent lieu plus ordinairement des adjectifs en général, ou des adjectifs qu'on feroit dériver des mêmes verbes, comme *habitante de los bofques*, habitant des bois; *perteneciente al Rey*, appartenant au Roi; *iente i viniente à la ciudad*, allant & venant à la ville; *pendiente de un hilo*, pendant à un fil, & autres femblables. Ils ont la même conftruction qu'auroient des adjectifs provenans des mêmes verbes, en tant que l'ufage permettroit de les former. Le doute augmente encore, lorfqu'on fait que tous les adjectifs peuvent être fubftantivés de maniere à les faire paroître feuls dans l'oraifon, comme *el amante de la virtud*, celui qui aime la vertu.

Participe du paffé en ado *ou* ido.

Ce participe qui marque le paffé par lui-même, tant dans les verbes actifs que dans les neutres, devient actif dans la formation des temps compofés avec l'auxiliaire *haber*, comme on peut le remarquer dans les trois conjugaifons. Pour lors, on prend ce participe toujours à la terminaifon neutre, de maniere qu'il ne peut pas convenir en genre mafculin ni féminin avec le fujet du verbe, ni avec la perfonne qui reçoit fon action. On doit donc dire : *la muger ha recibido el dinero*, & non *recibida*; *el hombre ha recibido la carta*, & non *recibida*.

Ce participe, avec le verbe *fer*, forme toujours le paffif des verbes, comme *yo no foi amado*, je ne fuis point aimé. Il peut, en outre, être pris comme un adjectif; & comme tous les adjectifs peuvent être fubftantivés, c'eft-à-dire, peuvent être pris avec un article, le fubftantif fous-entendu, ils peuvent l'être auffi; fans compter qu'il y a plufieurs fubftantifs qui finiffent de même, & forment équivoque, comme *mercado*, marché; *marido*, mari; *fembrado*, moiffon, & autres.

Quoique nous ayions dit que les participes du passé finissent en *ado*, *ido*, il en est d'irréguliers finissant en *to cho* & *so* :

Comme de

abrir,	*abierto.*	*imponer*,	*impuesto.*
absolver,	*absuelto.*	*indisponer*,	*indispuesto.*
componer,	*compuesto.*	*interponer*,	*interpuesto.*
contradecir,	*contradicho.*	*morir*,	*muerto.*
contrahacer,	*contrahecho.*	*oponer*,	*opuesto.*
contraponer,	*contrapuesto.*	*posponer*,	*pospuesto.*
cubrir,	*cubierto.*	*predecir*,	*predicho.*
deponer,	*depuesto.*	*presuponer*,	*presupuesto.*
descomponer,	*descompuesto.*	*prever*,	*previsto.*
descubrir,	*descubierto.*	*proponer*,	*propuesto.*
desenvolver,	*desenvuelto.*	*poner*,	*puesto*,
deshacer,	*deshecho.*	*reponer*,	*repuesto.*
devolver,	*devuelto.*	*resolver*,	*resuelto.*
decir,	*dicho.*	*rever*,	*revisto.*
disponer,	*dispuesto.*	*revolver*,	*revuelto.*
disolver,	*disuelto.*	*satisfacer*,	*satisfecho.*
envolver,	*envuelto.*	*sobreponer*,	*sobrepuesto.*
escribir,	*escrito.*	*trasponer*,	*traspuesto.*
exponer,	*expuesto.*	*ver*,	*visto.*
facer,	*fecho.*	*volver*,	*vuelto.*
hacer,	*hecho.*		

Tous ces verbes n'ont donc point le participe en *ado* ou
ido ; & l'on diroit fort mal de *poner*, *ponido* ; de *hacer*,
hacido, &c.

D'autres verbes, ayant le participe régulier en *ado* ou
ido, forment des adjectifs verbaux qui ont la signification
du temps passé, semblable aux participes ; mais il n'en peut
résulter aucune équivoque, parce qu'aucun de ces adjectifs
ne peut former les temps composés avec le verbe *haber*. En
voici la liste :

Ahitar,	*ahitado*,	*ahito.*	*extinguir*,	*extinguido*,	*extinto.*
bendecir,	*bendecido*,	*bendito.*	*fixar*,	*fixado*,	*fixo.*
compeler,	*compelido*,	*compulso.*	*hartar*,	*hartado*,	*harto.*
concluir,	*concluido*,	*concluso.*	*invertir*,	*invertido*,	*inverso.*
confundir,	*confundido*,	*confuso.*	*incluir*,	*incluido*,	*incluso.*
convencer,	*convencido*,	*convicto.*	*incurrir*,	*incurrido*,	*incurso.*
convertir,	*convertido*,	*converso.*	*insertar*,	*insertado*,	*inserto.*
despertar,	*despertado*,	*dispierto.*	*inxerir*,	*ingerido*,	*inxerto.*
elegir,	*elegido*,	*electo.*	*juntar*,	*juntado*,	*junto.*
enxugar,	*enxugado*,	*enxuto.*	*maldecir*,	*maldecido*,	*maldito.*
excluir,	*excluido*,	*excluso.*	*manifestar*,	*manifestado*,	*manifiesto.*
expeler,	*expelido*,	*expulso.*	*marchitar*,	*marchitado*,	*marchito.*
expresar,	*expresado*,	*expreso.*	*omitir*,	*omitido*,	*omiso.*

oprimir,	*oprimido*,	*opreſo*.		*proveer*,	*proveido*,	*proviſto*.
perfeccionar,	{ *perfeccio-nado*,	*perfecto*.		*recluir*,	*recluido*,	*recluſo*.
				romper,	*rompido*,	*roto*.
prender,	*prendido*,	*preſo*.		*ſoltar*,	*ſoltado*,	*ſuelto*.
preſcribir,	*preſcribido*,	*preſcripto*.		*ſuprimir*,	*ſuprimido*,	*ſupreſo*.

De tous ces doubles participes il n'y en a que quatre qui ſoient en uſage pour former les temps compoſés ; ſavoir, *preſo*, *preſcripto*, *proviſto*, *roto* ; & l'on peut dire également *ha prendido*, ou *ha preſo*, &c.

Il y a auſſi pluſieurs participes en *ado* & *ido*, qui, devenus adjectifs ſubſtantivés, marquent l'action. En voici la liſte & la traduction.

Acoſtumbrado,	qui a coutume.		*ocaſionado*,	{ facile dans l'oc-ſion.
agradecido,	reconnoiſſant.		*oſado*,	hardi.
atrevido,	audacieux.		*parado*,	lent.
bien cenado,	qui a bien ſoupé.		*parecido*,	ſemblable.
bien comido,	qui a bien dîné.		*partido*,	{ partageant, qui eſt libéral.
bien hablado,	parlant bien.			
callado,	diſcret.		*pauſado*,	lent.
canſado,	ennuyant.		*porfiado*,	entêté.
comedido,	{ celui qui a beaucoup de cir-conſpection.		*preciado*,	{ vain, préſomp-tueux.
			precavido,	précautionné.
deſeſperado,	impatient.		*preſumido*,	préſomptueux.
diſimulado,	{ qui a de la pré-caution.		*recatado*,	réſervé.
			ſabido,	ſavant.
entendido,	intelligent.		*ſacudido*,	{ qui répond & ſe défend har-diment.
esforzado,	valeureux.			
fingido,	traître.			
leido,	qui a beaucoup lu.		*ſentido*,	ſenſible.
medido,	prudent, meſuré.		*ſufrido*,	patient.
mirado,	très-attentif.		*traſcendido*,	{ qui a beaucoup d'intelligence.
moderado,	modéré.			
negado,	ſot.		*valido*,	puiſſant.

LEÇON DIXIEME.

Des Adverbes.

L'ADVERBE eſt une partie du diſcours qui ſert à modifier l'action du verbe, auquel il eſt toujours joint, le verbe étant exprimé ou ſous-entendu : *vino bien*, il vint à propos ;

viene tarde, il vient tard ; *venia delante*, il venoit devant.

Il y a des adverbes fimples & compofés : *tal*, tellement, eft fimple ; *afi como*, ainfi comme, eft compofé. Il y a des manieres adverbiales, ou qui tiennent la place d'un adverbe, comme *antes con antes*, le plutôt poffible. Il en eft d'autres qui ont après eux des prépofitions avec leur régime, comme *defde mui antes de efe tiempo* ; long-temps avant ce temps-là ; & il y a des adjectifs qu'on emploie adverbialement, ou comme des adverbes, ce qui doit être remarqué : *habló claro*, il parla clairement. Ici l'adjectif *claro* eft pris pour l'adverbe *claramente*.

En général les adverbes fe divifent en adverbes de ma-niere, de qualité, de quantité, de nombre, de poids, de mefure, de temps, de lieu, de comparaifon, d'ordre, d'affir-mation, de négation, & de doute. Nous allons en traiter féparément, & en donner les liftes.

Adverbes de maniere.

Ils fervent à indiquer la maniere de l'action, exprimée par un verbe ; tels font tous les adverbes qui finiffent en *mente*, comme *prudentemente*, prudemment ; *doctamente*, fa-vamment, &c. ; *afi*, ainfi ; *de efa manera*, *de efe modo*, *de efa fuerte*, de cette maniere, de cette forte ; *de que modo ?* de quelle maniere ? *como ?* comment ? *como quiera*, de telle maniere que ce foit ; *afi como*, ainfi que ; *como fi*, comme fi. Tels font auffi les adjectifs pris adverbialement : *efo conviene harto con lo que digo*, cela convient affez avec ce que je dis, où l'adjectif *harto* vaut pour *baftante* adverbe.

Adverbes de qualité.

Ceux-ci fervent à qualifier les actions de toutes les ma-nieres poffibles, & relativement au fens de chacune, comme *bien*, bien ; *mal*, mal ; *mejor*, mieux ; *peor*, pire ; *mediana-mente*, médiocrement ; *del todo mal*, tout-à-fait mal ; *algo bien*, un peu bien ; *mucho peor*, beaucoup plus mal. *Mala-mente*, *buenamente* appartiennent aux adverbes de maniere.

Adverbes de quantité.

On peut ranger dans cette claffe ceux qui ont rapport au poids,

poids, à la mesure & à l'ordre, & généralement tous ceux qui sont compris sous l'idée de la quantité.

Bastante, bastantemente, harto,	assez.
mucho, considerablemente, demasiado,	beaucoup.
muï mucho,	très-fort, à l'excès.
no mucho,	pas beaucoup.
por mucho que,	telle chose que.
todo,	le tout.
casi todo,	presque tout.
del todo,	tout-à-fait.
con todo, con todo eso,	malgré cela.
enteramente,	entièrement.
por entero,	en entier.
muï,	très, fort.
poco,	peu.
no poco,	pas peu.
por poco que, à poco que,	si peu que.
algo,	un peu.
alguna cosa,	quelque peu.
tanto quanto,	tant soit peu.
un tantito,	un petit peu.
un tanto,	une partie.
tan,	tant.
buena parte, buena pieza, asi asi,	pas mal, une bonne partie.
la mayor parte,	la plus grande partie.
quanto,	combien.
quanto pueda,	tout ce qu'on pourra.
quanto quiera,	tout ce qu'on voudra.
por quanto,	sur.
en quanto,	en tant, à l'égard.
nada,	point.
casi nada,	presque point.
por mayor,	en gros.
por menor,	en détail.
por partes,	par parties.
mas, en mas, á mas,	plus.
demas,	en outre.
los mas,	de plus.
	la plupart.
á menos,	à moins.
de menos,	de moins.
primeramente,	premierement.
lo primero,	la premiere chose.
primero que,	plutôt que.
el primero,	le premier.
segundamente, segundo, lo segundo,	secondement.
lo tercero,	troisiememement.
lo quarto,	quatriememement.
lo ultimo, lo postrero,	dernierement.
tras,	derriere, après.
detras, despues,	après.
ante todas cosas,	avant tout.
sin orden,	sans ordre.

Adverbes de comparaison.

Mas,	plus.
menos,	moins.
peor,	pis.
mejor,	mieux.
tanto mas,	d'autant plus.
tanto menos,	d'autant moins.
mucho mejor,	beaucoup mieux.
de ese modo,	ainsi.
tanto,	tant.
tan,	si.
quanto,	combien.
antes bien,	plutôt.
asi como,	ainsi que.
tanto quanto,	autant que.
quanto mas,	d'autant plus.
mucho peor,	beaucoup plus mal.
bien que,	bien que.

D'affirmation & négation.

Si,	oui.	en hora buena,	à la bonne heure.
no,	non, pas.	sea,	soit.
cierto,	certes.	de ninguna manera,	en aucune maniere.
ciertamente,	certainement.		
verdaderamente,	véritablement.	nunca,	jamais.
indubitablemente,	indubitablement.	jamas,	jamais.
sin duda,	sans doute.	nunca jamas,	au grand jamais.
no hai duda,	il n'y a pas de doute.	para siempre,	pour jamais.
		no mas,	pas plus.
asi es,	c'est ainsi.	nunca mas,	jamais davantage.

De doute.

A caso ?	par hazard.	tal ?	tel ?
por ventura ?		es posible ?	est-il possible ?
quiza ?		que ?	quoi ?
como ?	comment ?	qual ?	quel ?

Adverbes de temps.

Les adverbes de temps sont ceux qui se rapportent à quelque nuance de temps marquée ou indéfinie, & répondent à la question *quando ?* quand ? les voici :

Hoi,	aujourd'hui.	sin dilacion,	sans délai.
hayer,	hier.	luego al punto,	aussi-tôt.
antes de hayer,	avant-hier.	ahora mismo,	à l'heure même.
el otro dia,	l'autre jour.	sin mas tardar,	sans tarder.
mañana,	demain.	tarde,	tard.
por la mañana,	le matin.		
de mañana,	de matin.	quando menos,	du moins, pour le moins, lorsqu'on y pense le moins.
à la mañana,	dans la matinée.		
à la mañanita,	au petit jour.		
tan de mañana,	si matin.	presto,	aussi-tôt.
despues de mañana,	après-demain.	no tan presto,	pas de si-tôt.
mañana por la mañana,	demain matin.	entonces,	alors, pour lors.
		pronto,	aussi-tôt.
una mañana,	certain matin.	temprano,	de bonne heure.
ahora,	à cette heure.	tan temprano !	si-tôt !
al presente,	tout-à-l'heure.	siempre,	toujours.
al punto,		incontinenti,	dans l'instant.
al momento,	à l'instant.	amenudo,	souvent.
al instante,		muchas veces,	très souvent.
		sin cesar,	sans cesse.
en este instante,	dans ce moment.	este año,	cette année.
luego,	aussi-tôt.	ogaño,	cette année.
quanto antes,	le plutôt possible.	mientras,	pendant.

jamas,	jamais.	*antes y defpues*,	avant & après.
antes,	plutôt, avant.	*no fiempre*,	pas toujours.
defpues,	après, depuis.	*quanto antes*,	le plutôt.
un poco antes,	un peu plutôt.	*quando mas*,	au plus.
un poco defpues,	un peu après.	*quanto mas*,	au plus.
mui tarde,	fort tard.	*quanto menos*,	le moins.

Adverbes de lieu.

Les adverbes de lieu font ceux qui fervent à marquer les lieux, & répondent à une de ces quatre queftions : *donde?* où? *à donde?* où? *de donde?* d'où? *por donde?* par où?

Les réponfes fe font par les mêmes prépofitions, & par d'autres qui les valent ; & pour mieux les appliquer, il faut obferver que *donde*, où, fignifie demeure dans l'endroit ; *à donde*, où, le terme du mouvement ; *de donde*, d'où, le lieu du départ ; & *por donde*, par où, les lieux par où l'on doit paffer.

Donde eftas ? où es-tu ?

Aqui,	ici.	*à la izquierda*,	à la gauche.
ahi & ai,	là.	*dentro*,	dedans.
alli,	là.	*mui adentro*,	fort avant.
allà,	là.	*fuera*,	dehors.
aculla,	là.		
aca,	là.	*al borde*, *à la orilla*,	} au bord.
cerca,	près.		
lejos,	loin.	*en el centro*,	au centre.
entorno,	autour.	*mui lejos*,	fort loin.
al deredor, *al rededor*,	} aux alentours.	*junto*,	près.
		mui cerca,	fort près.
arriba,	en haut.	*tocando*,	tout près.
abajo,	en bas.	*delante*,	devant.
alto,	haut.	*detras*,	derriere.
encima,	deffus.	*debajo*,	deffous.
fobre,	fur.	*en cafa*,	dans la maifon.
en,	en, dans.	*en el campo*,	dans les champs.
do quiera,	où l'on voudra.	*en la guerra*,	à la guerre.
donde quiera,	où l'on voudra.	*atras*,	fur le derriere.
al lado,	à côté.	*en zaga*,	à la fuite, derriere.
en medio,	au milieu.	*allende*,	ailleurs.
enfrente,	vis-à-vis.	*en alta mar*,	au large.
à la dieftra,	à la droite.	*en equilibrio*, &c.	en équilibre.

A donde vas ? où vas-tu ?

Aqui,	ici.	*aca*,	ça.
ahi,		*dentro*,	au-dedans.
alli,	} là.	*fuera*,	au-dehors.
allà,		*lejos*,	loin.

cerca,	près.	*à la ciudad,*	en ville.
mas allà,	plus loin.	*hacia el rio,*	vers la riviere.
mas aca,	plus en-deça.	*hafta aqui,*	jufqu'ici.
arriba,	en-haut.	*hafta el centro,*	jufqu'au centre.
abajo,	en-bas.	*donde puedo,*	où je puis.
detras,	derriere.	*del otro lado,*	de l'autre côté.
delante,	en avant.	*hafta donde ?*	jufqu'où ?
à la guerra,	à la guerre.	*hacia donde ?*	vers quel endroit ?
à la cafa.	chez moi.	*donde no,*	fans quoi.
encima,	au-deffus.	*donde hai ?*	où eft-ce qu'il y a ?
fobre,	fur.	*hacia arriba,*	en-haut.
hacia,	vers.	*hacia bajo,*	en-bas.
hafta,	jufques.	*à do,*	où.
à,	à, au.	*à dentro,*	au-dedans.
do quiera,	par-tout.	*à fuera,*	en-dehors.
à do quiera,	vers où, par-tout.	*à la dieftra,*	à droite.
donde quiera,	où l'on voudra.	*à la finieftra, &c.*	à gauche.

De donde vienes ? d'où viens-tu ?

De aqui,	d'ici.	*de aqui cerca,*	d'ici près.
de hai,	}	*de donde puedo,*	d'où je puis.
de alli,	} de-là.	*de do quiera,*	d'où tu voudras.
de allà,	}	*de encima,*	de deffus.
de aca,	de cet autre côté.	*de debajo,*	de deffous.
de aculla,	d'ici, de-là.	*de la drecha,*	de la droite.
de arriba,	d'en-haut.	*de la izquierda,*	de la gauche.
de abajo,	d'en-bas.	*de mas aca,*	de plus en-deça.
de dentro,	de là-dedans.	*de mas allà,*	de plus au-delà.
de fuera,	de là-dehors.	*del rio,*	de la riviere.
de otra parte,	d'un autre côté.	*de mui lejos,*	de fort loin.
de cerca,	de près.	*de cenar,*	de fouper.
de lejos,	de loin.	*de qualquier parte,*	de tout endroit.
de mi cafa,	de chez moi.	*de donde ó donde no,*	} de tel ou tel endroit.
de delante,	de devant.		
de enfrente,	de vis-à-vis.	*de donde fabes,*	d'où tu fais.

Por donde pafaras ? par où pafferas-tu ?

Por aqui,	} par ici.	*por abajo,*	par en bas.
por alli,	}	*cerca de,*	près de.
por allà,	par-là.	*lejos de,*	loin de.
por aca,	par en-deça.		
por aculla,	par ici, par-là.	*por el lado,*	{ par le côté, à côté.
por arriba,	}		
por encima,	} par-deffus.	*&c.*	
por fobre,	}		

LEÇON ONZIEME.

Des Prépositions.

LA préposition eſt une partie indéclinable du diſcours, qui précede toujours les ſubſtantifs, qui en marque le cas ſelon des ſens différens, & dépend de l'action du verbe. La langue latine n'a de prépoſitions que pour l'accuſatif oblique ou indirect, & pour l'ablatif indirect, ou régi par le paſſif; mais les langues françoiſe & eſpagnole qui en ſortent, n'ayant pas l'inflexion des différentes terminaiſons pour ex-primer les ſens des cas, ſe ſervent de prépoſitions, ſavoir:

Pour le génitif *de*,   de.
Pour le datif *á*, *para*,   à, au, aux, pour.

Quelquefois, au lieu de *para*, on ſe ſert de *por*, qui eſt prépoſition d'ablatif, ſur-tout avec les infinitifs : Exemple; *no vengo por comer*, je ne viens pas pour dîner. On peut dire (& c'eſt le véritable ſens), *no vengo para comer*.

Pour l'accuſatif *á*,   à, au, aux.
       delante, *ante*, avant, devant.
       contra,   contre.
       entre,   entre.
       hacia,   vers.
       haſta,   juſques.
       ſegun,   ſelon.
       cerca,   prés.
       por,   par.
       ſobre,   ſur.
       en,   à.

Toutes ces prépoſitions peuvent ſe joindre aux verbes de mouvement; & par conſéquent les ſubſtantifs qui les ſuivent ſont des accuſatifs. Quelquefois les auteurs eſpagnols ont pris la prépoſition *en* pour *à*, comme *paſaron en Grecia*, ils paſſerent dans la Grece; *en Italia*, en Italie, &c.

Pour l'ablatif *de*,   de.
       con,   avec.
       par,   par.
       en,   en, dans.
       ſin,   ſans.

defde,   de , dès , depuis.
tras,   derriere.

La préposition *de*, à l'ablatif, ne signifie point possession ni propriété, mais bien le point du départ, & autres. Voyez-là à la suite.

Il est certain que l'usage des prépositions a épargné aux langues vivantes toute la difficulté provenante de l'inflexion des cas dans la langue latine. Il sera à propos de suivre en cela le travail que l'académie espagnole a cru essentiel pour sa grammaire, & nous allons traiter de chaque préposition séparément.

A, à , au , aux ,

Préposition d'accusatif & datif.

Elle marque l'accusatif dans tous les verbes actifs ou neutres, soit pour exprimer la personne ou la chose faite, soit autrement le terme de l'action d'un verbe ; & alors elle peut marquer le datif.

Elle marque l'intention du verbe qui la précede, comme :

voi à jugar,   je vais jouer.

Le lieu ou le temps où il arrive quelque chose ;

le cogieron à la puerta, *à la noche*, on le prit à la porte, à la nuit.

La distance d'un terme à un autre, soit de lieu, soit de temps ;

de una calle à otra,   d'une rue à l'autre.
de las once à las doce,   depuis onze heures jusqu'à midi.

La maniere dont on fait une chose ;

à pie, *à caballo*,   à pied, à cheval.

La quantité & le nombre ;

el gasto sube à cien doblones,   la dépense monte à cent pistoles.

La convenance avec quelque chose ;

à fuer de ombre de bien,   à force d'être honnête homme.
à lei de cavallero,   foi de gentilhomme.

La distribution ou partition des nombres ;

à tres por ciento,   à trois pour cent.
à pezeta por cadauno,   à vingt sols pour chacun.
dos à dos,   deux à deux.

Le prix des chofes ;

cuefta à treinta livras,   il coûte trente livres.

Le terme ou extrémité du temps ;

de aqui à treinta años,   d'ici à trente ans.

La pofition des lieux, maifons, &c.

à l'oriente,   à l'orient.

La maniere felon laquelle une chofe eft faite ;

à la moda, à la francefa,   à la mode, à la françoife.

L'intention, le but de quelqu'un ;

à inftancias de los magiftrados,   aux inftances des magiftrats.
à que propofito ?   à propos de quoi ?

L'inftrument avec lequel on fait quelque chofe ;

quien à yerro mata à yerro muere, qui tue avec le fer meurt par le fer.

L'inconnexion ou la convenance des chofes entre elles ;

à propofito de efo,   à propos de cela.
à diferencia de,   à la différence près.

La différence qu'il y a d'une chofe, ou d'une action à une autre ;

lo que va de mi à ti,   ce qu'il y a de moi à toi.
quanto va de blanco à negro,   comme du blanc au noir.

L'avantage qu'il y a d'une chofe fur une autre, ou qu'on a ;

ganó à correr,   il gagna à la courfe.
apuefto à efcribir,   je parie d'écrire.

A fert pour *hafta,* jufques ;

pasò el rio con agua à la cintura,   il paffa le gué, l'eau à la ceinture.

Pour *hacia* & *contra,* vers, & contre ;

volvi la cara al, à el oriente,   je me tournai vers l'orient.
al enemigo,   contre l'ennemi.

Enfin *à* fert à former mille manieres de parler adverbiales, comme *à faber,* favoir ; *à fabiendas,* favamment ; *à hurtadillas,* en cachette ; *à ver,* voyons ; *à tontas y à locas,* fans réflexion ; *à rofo y vellofo,* à tort & à travers ; *à pefar,* malgré ; *à mas non poder,* à n'en pouvoir plus ; *à fe,* par ma foi ; *à la verdad*, en vérité ; *à Dios*, adieu ; *à mal andar*, au pis aller ; *à malas penas*, malgré tous les efforts ; *à mi que las vendo*, tu ne me tromperas pas ; & une infinité d'autres qu'il feroit presque impossible de rassembler. *A* sert aussi à la plus grande partie des proverbes où le verbe est sous-entendu.

Ante, devant.

Il faut remarquer que la préposition *ante*, devant, outre l'usage commun qu'elle a comme préposition, sert à la place de l'adverbe *antes*, avant ; elle doit être suivie alors d'un accusatif indéfini : ainsi on peut dire, *vino ante el dia señalado*, il vint avant le jour marqué, au lieu de *vino antes del dia señalado*.

La préposition *ante* marque l'antériorité en général, & même la présence ; mais la préposition *delante*, marque seulement présence : on ne dira donc pas *vino delante de ese dia*, il vint avant ce jour-là ; mais on peut dire *vino ante mi*, ou *delante de mi*, il vint devant moi.

Contra, contre.

Outre le sens d'opposition que cette préposition annonce par-tout, elle peut aller après la préposition *en*, dans certaines expressions, comme *si yo fuese en contra de eso*, si j'allois à l'encontre de cela.

Entre, entre.

Elle marque le milieu entre deux choses, entre deux personnes, entre deux points, & prête à différentes façons de parler. Ce qu'elle a de particulier, c'est qu'avec elle les pronoms personnels ne se mettent pas à l'accusatif ; & l'on ne dit pas *entre ti i mi*, mais *entre tu i yo*, *entre el i yo*, *entre tu i el* : on dit aussi ;

Pienso entre mi,	je pense en moi-même.
piensas entre ti,	tu penses en toi-même.
hablar entre dientes,	marmoter.
entre ojos i cara,	sans savoir comment.
entre quienes,	parmi lesquels.
hallar el entresijo,	trouver la difficulté, défaire le nœud.
iré entre semana,	j'irai pendant la semaine.

va entreverado,	{ cela va tout mêlé, moitié l'un, moitié l'autre.
entre entonces i ahora,	depuis ce temps-là, jusqu'à présent.

Hacia, vers.

Elle indique un lieu à-peu-près ; elle peut être précédée de la préposition *de*, comme *la nuve vino de hacia esa parte*, le nuage vint de ce côté-là.

Hasta, jusque, jusques.

Elle marque le terme de toute chose en général, & quand il est question du nombre, elle peut être précédée de la préposition *de* : *el exercito era de hasta veinte mil hombres*, l'armée étoit d'environ vingt mille hommes.

Hundiose hasta las cachas,	il enfonça jusqu'au col.
hasta quando,	jusqu'à quand.
hasta que,	jusqu'à ce que.
hasta mas no poder,	jusqu'à n'en pouvoir plus.
hasta entonces,	jusqu'alors.
hasta la ultima gota,	jusqu'à la derniere goutte.
hasta las cejas,	tout entier, (*parlant d'une personne*).
hechar hasta las tripas,	vomir jusqu'aux boyaux.
hasta que diga bueno,	jusqu'à ce qu'il dise assez.
hasta no mas,	tout-à-fait, entiérement.

Segun, selon.

Elle marque conformité : lorsqu'on l'emploie toute seule, en sous-entendant le reste, elle veut dire, *c'est selon*.

Cerca, près.

Cette préposition, qui ne se trouve point dans la liste de l'Académie espagnole, peut précéder la préposition *de*, & elle peut être employée seule, comme *estabamos cerca*, nous étions près.

Cerca de la casa, de lo rio,	{ près de la maison, de la riviere.
ou cerca la casa, el rio,	{ ou près la maison, la riviere.
cerca los muros,	près des murs.
aqui cerca,	ici près.
à cerca de eso,	à l'égard de cela, là-dessus.
ni cerca, ni lejos, (*comme adverbe*)	ni près ni loin.

Por, par,

Prépofition d'accufatif & ablatif en Efpagnol ; & , traduite en François, de datif, d'accufatif & d'ablatif.

Nous offrons, dans le titre de cette prépofition, le double emploi qu'elle a, pour exprimer le fens de l'accufatif de mouvement, & celui de l'ablatif lorfqu'elle indique caufe, origine, raifon, intention, lieu, &c. Quelquefois on ne peut la traduire en François par la prépofition *par*; elle fignifie alors *pour*, qui eft une prépofition de datif. C'eft ce dont les exemples donneront une idée plus claire.

	Hazlo por amor de Dios,	fais-le pour l'amour de Dieu.
	por confeguir fama,	pour acquérir de la réputation.
	por averiguarlo,	pour éclaircir cela.
Pour les lieux,	*voi por el medio,*	je vais par le milieu.
	por la calle,	par la rue.
	pafaré por ahi,	je pafferai par-là.
	por la villa,	par la ville.
Pour le temps,	*iré por un dia,*	j'irai pour un jour.
	por dos mefes,	pour deux mois.
Le moyen,	*eftoi aqui por el,*	je fuis ici à fa place, pour lui.
	pleiteo por procurador,	je fuis mon procès par procureur.
	no falta por dinero,	{ cela ne manque pas par rapport à l'argent.
Au lieu de *para,* ou *en favor,*	*hagolo por tu bien,* *por vofotros,*	je le fais pour ton bien. à votre égard.
Au lieu, à la place de,	*vendré por ti,*	je viendrai pour toi.
Le prix des chofes,	*queda té por mi,* *me vendes por nada,* *por un fueldo,*	refte pour moi. tu me vends pour rien. pour un fol.
Pour marquer une équivalent.	*vales por muchos,* *por cien,*	tu vaux plufieurs. tu vaux pour cent.
La maniere,	*me tomó por otro,* *hagolo por miedo,*	il me prit pour un autre. je le fais par crainte.
Au lieu de *fin,*	*efto eftá por hacer,* *fin hacer,*	} cela eft à faire.

Elle fert aux juremens & imprécations;

por mi vida, por Dios, por mi fe,	} par ma vie, par Dieu, par ma foi.
por arte del diablo,	par l'art du diable.
eftoi por matarlo,	je fuis tenté de le tuer.

Voici quelques autres locutions où elle est employée.

voi per agua,	je vais chercher de l'eau.
està por mi,	il est de mon côté, pour moi.
vengo por ti,	je viens pour toi, à ton secours.
vengo por el dinero,	je viens quérir de l'argent.
ni por pienſos,	ni par idée, en aucune maniere.
ni por eſas,	pas pour un diable.
porque no ?	pourquoi pas ?
el porque de todas las coſas,	le pourquoi, la raiſon de tout.
ſin ſaber porque ni quando,	sans ſavoir pourquoi.
dile porque,	dis-lui pourquoi.
porque ſi,	parce que c'eſt ainſi.
porque ſi no,	parce qu'autrement.
porque ſi porque no,	(*cela ſe dit lorſqu'on veut faire entendre qu'il n'y a pas de raiſon à donner où l'on n'en donne point*).

Sobre, ſur, à l'égard.

Il n'y a rien à remarquer ſur cette prépoſition, ſi ce n'eſt que dans les nombres elle ſignifie *au-delà* ; & que, jointe aux infinitifs, elle ſe traduit par *outre* & *même* ; Exemple :

Aqui hai ſobre cien luiſes,	il y a ici au-delà de cent louis.
ſobre ſer convencido diſputa,	il diſpute même étant convaincu.
ſobre ſi es ó no aſi,	ſur ſi cela eſt ainſi ou non.
ſobre que ſi viene, no lo hare,	qu'il vienne, & je ne le ferai pas encore.
	(*maniere d'exprimer un entêtement*).
eſtar ſobre aviſo,	être alerte, ſur ſes gardes.

En, en, dans, à.

En indique l'endroit, la place, le point, l'eſpace des lieux & des temps, par conſéquent la demeure, tranquillité ou exiſtence des choſes ou actions. Outre ce ſens général, cette prépoſition, jointe à un gérondif du préſent, vaut pour le gérondif paſſé ; ce qui doit être particuliérement remarqué des François, qui ſe trompent à tout inſtant, parce qu'ils forment leur gérondif préſent avec la même prépoſition *en* ; ainſi *en diſant* ſe traduit *diciendo* ; & *en diciendo,* vaut, *ayant dit, après avoir dit.*

Eſtando en eſto,	étant en cela, ſur ces entrefaites.
eſtoi en ello,	je le crois, j'en ſuis perſuadé.

no eſtoi en ello,	je ne ſuis point informé, je n'en ſais rien.
eſtoi en mi,	je ſais ce que je dis, je ne ſuis pas fou.
eſtoi en lo que dices,	je fais attention à ce que tu dis.
eſtoi en que,	je crois que, je penſe que.
eſtas en lo que dices?	fais-tu ce que tu dis ?
tener en menos,	mépriſer.
tener en mas,	préférer.
caer en la cuenta,	s'appercevoir, ſe corriger.
voi en ello,	je fais attention à la ſuite de tout.
lo que va en eſo,	de quel intérêt cela eſt.
en quanto digo,	en tout ce que je dis.
vengo en ello,	j'y conſens.
viene en coche,	il vient en voiture.
vino en derechura,	il vint en droiture, directement.
venia en andas,	il venoit ſur un brancard.
no hai mal en hacer limoſna,	il n'y a pas de mal à faire l'aumône.
no hai mal en eſo,	il n'y a pas de mal à cela.
dar en la cuenta,	remarquer.
dio en eſo,	il s'entêta à cela.
no doi en cuenta,	je ne me rappelle pas.
dio de ojos en tierra,	il tomba.
tengo en mi que,	je crois que.
no tiene en que caerſe muerto,	il n'a rien au monde.
en eſo tropiezas?	tu t'arrêtes à cela ?
en que parará eſto?	à quoi tout cela aboutira-t-il ?
en quanto á eſo,	à l'égard de cela.
en tanto que,	pendant que.
no paró en eſo, ou *ahi,*	il alla plus loin.

Par ces exemples, on peut remarquer combien cette prépoſition ſert à l'abondance de la langue eſpagnole.

Para, pour.

Cette prépoſition eſt particuliere au datif, & elle a beaucoup de ſens très-variés, dont voici le détail avec des exemples. Elle marque :

	Eſo es para mi,	cela eſt pour moi.
	es para mi daño,	cela eſt pour mon mal.
	el bien es para el,	le bien eſt pour lui.
Utilité, profit, avantage ou déſavantage, le bien ou le mal de quelqu'un.	*para quien lo das?*	pour qui le donnes-tu ?
	es bueno para ello,	il eſt fait pour cela.
	trabajo para ganar,	je travaille pour gagner.
	no vino para mi,	il ne vint pas pour moi.
	naci para el cielo,	je nâquis pour le ciel.
	doilo para ellos,	je le donne pour eux.
	la embié para ti,	je l'envoyai pour toi.

Le but, l'inten- tion, attribution, direction, adresse.	*para que vienes ?* *para hablarte,* *es habil para todo,* *soi diestro para eso,* *vino para mi,* *la carta es para ti,* *es poco para mi,*	pourquoi viens-tu ? pour te parler. il est habile en tout. je suis adroit pour cela. il vint à moi. la lettre est pour toi. c'est peu pour moi.
Mouvement, le temps où l'on agit.	*fuese para Italia,* *vendré para San Juan,* *estuvó para Navidad,*	il partit pour l'Italie. je viendrai pour la S. Jean. il se trouva pour Noël.
De l'égard, atten- du les circonstan- ces.	*hace mucho para lo que el puede,* *para lo que el es bas- tante es ella,* *para maestro no se ex- plica bien,* *para hombre letrado es poco lo que sabe,*	il fait beaucoup selon son pouvoir. elle est assez pour lui. il ne s'explique pas bien pour un maître. il n'en sait pas beaucoup pour un homme léttré.
Signifie être prêt, disposé, persuadé.	*tengo para mi,* *estoi para ir,*	je suis persuadé. je suis prêt à y aller.
Comparaison.	*quien es el para mi ?* *eso no es para dicho,* *no es para echo,* *para que se vea,*	qui est cet homme auprès de moi ? cela n'est pas à dire. à faire. pour que l'on voye.

Cette préposition se joint aussi à d'autres prépositions &
adverbes, comme :

nada puede para con el,	il, elle n'a aucun pouvoir sur lui.
eso es bueno para entre los dos,	cela est bon pour entre nous deux.
eso es para ahora,	cela est bon pour à présent.
para despues,	pour après.
para luego,	pour aussi-tôt.
para siempre,	pour toujours.
para quando,	quand.
para mañana,	pour demain.
para donde,	où.
para el cielo,	pour le ciel.

De, de.

La préposition *de* marquant possession ou propriété, est
particuliere au sens du génitif ; Exemple : *esto es de Dios,*
cela est de Dieu ; *esta es la puerta de mi casa,* voilà la porte
de ma maison.

Dans tous les autres sens qu'elle peut former, elle est préposition d'ablatif.

Signifie la matiere dont une chose est faite.	*estatua de marmol,* *moneda de oro,*	statue de marbre. monnoie d'or.
Le point du départ.	*vengo de casa,*	je viens de la maison.
D'où sort une chose.	*sale del mar,* *entra de fuera,*	il sort de la mer. il entre du dehors.
Le temps.	*de dia,* *vino de noche,* *es tiempo de,* *al punto de,* *à la hora de,* *antes de,* *despues de,*	de jour. il vint de nuit. il est temps de. au moment de. à l'heure de. avant que de. après que, après avoir, après être.
L'abondance, le manque d'une chose.	*es año de nieves,* *tiempo de guerras,* *dia de tronadas,* *otoño de lluvias,*	c'est une année de neiges. temps de guerres. jour de tempêtes. automne de pluies (abondant).
L'occasion, la commodité.	*ve ai el tiempo de,* *es hora de ir alla,* *el instante de,*	voilà le temps, l'occasion de, &c. il est l'heure d'y aller. le moment de.
Être prêt, utile, bon à quelque chose.	*eso es bueno de comer,* *proprio de hombres,* *es cosa de risa,* *eso es facil de alcanzar,*	cela est bon à manger. cela appartient à des hommes. cela est fait pour rire, c'est une chose risible. cela est aisé à obtenir.
Supplée l'article & le nom appellatif.	*el reino de España,* *la ciudad de Sevilla,* *la villa de Paris,*	le royaume d'Espagne. la ville de Séville. la ville de Paris.
Vaut pour la préposition *por.*	*de gracia,* *lo hizo de miedo,* *lloró de gozo,*	de grace, par grace, en grace. il le fit par crainte. il pleura de joie.
Pour la préposition *con.*	*hizolo de intento,* *de mala gana,* *de embidia,*	il le fit à dessein. contre son gré. par jalousie.
Pour l'adverbe *desde,* dès.	*de Paris à Versalles,* *de aqui à alli,* *de Francia à España,* *de ahora en adelante,*	de Paris à Versailles. d'ici là. de France en Espagne. dès-à-présent.

S'ajoute par orne-ment, pour ren-dre l'expreſſion agréable par des attributs.	el perro del lacayo,	le chien de laquais.
	el tonto del hombre,	le ſot homme.
	la necia de la muger,	la ſotte femme.
	el bueno del hombre,	le bon homme.
	la picara de la criada,	la friponne de ſervante.

Pour faire des exclamations, mê-me avec les pro-noms perſonnels.	deſdichado de mi!	malheureux que je ſuis!
	pobre de ti!	malheureux que tu es!
	deſgraciado de el!	le malheureux!
	el deſgraciado!	le malheureux!

Qu'on ſe rappelle que la prépoſition *de* ſert à former les temps au futur, en la prenant de la formule qui ſert au futur de l'infinitif;

antes de ahora,	avant ce temps-ci, juſqu'à préſent.
antes de comer,	avant le dîner.
antes de venir,	avant que de venir.
deſpues de llegar,	après l'arrivée.
deſpues de amanecer,	après le point du jour.
mas de quatro,	plus de quatre.
menos de cinco,	moins de cinq.
por menos de dos,	à moins de deux.
à menos de eſo,	ſans cela.
ſuccede à mas de quatro,	il arrive à pluſieurs.
ha! del mas deſdichado!	où es-tu le plus malheureux! } maniere
ha! del horrido tercio!	où es-tu troupe de démons! } d'invocation.
ai de mi, de ti, de el!	malheur à moi, à toi, à lui!
muchos de los hombres,	pluſieurs hommes.
quantos de ellos hai que,	combien en eſt-il parmi eux qui.
que de gente veo!	combien de monde je vois!
que de mugeres ſe pierden!	combien de femmes ſe débauchent!
que de coſas te diré!	que de choſes je te dirai!
de aqui adelante,	dorénavant.
no de otro modo,	ainſi, pas autrement.
hai algo de eſo,	il en eſt quelque choſe.
nada de eſo,	non, point, rien de cela.
en ninguna de las maneras,	{ en aucune maniere, nullement, point du tout.
puſoſe de punta en blanco,	elle s'orna au parfait.
de firme,	fermement.
de golpe,	tout d'un coup.
pegoſela de puño,	il l'attrapa au parfait.
dar de mano,	laiſſer, abandonner.
dar de cozes,	donner des ruades, trahir quelqu'un.
hacer el papel de,	jouer le rôle de.
hacer del ſabio,	ſe donner pour ſavant.
hacer del entendido,	faire l'entendu.
paſò la noche de claro en claro,	il paſſa la nuit.
ponerſe de por media,	ſe mêler.

On voit par le grand nombre de ces exemples, qu'on ne finiroit pas, si l'on vouloit les rappeller tous. Il est aisé de comprendre, par ceux-là, que la langue espagnole est très-abondante en tournures qui se forment par les prépositions; &, à la vérité, ce n'est pas autre chose qu'une syntaxe artificielle, suppléant à l'inflexion des cas qui manque à cette langue.

Con, avec, &.

Elle exprime la compagnie, moyen ou instrument avec quoi l'on fait quelque chose; Exemple:

El estaba con ellas,	il étoit avec elles.
hiriole con el pie,	il le frappa avec le pied.
entiendome con tigo,	{ tu m'entends, toi & moi nous nous entendons.
con eso no hai mas que decir,	après cela, il n'y a plus rien à dire.
con que tu no vendras,	donc tu ne viendras plus.
con hacer eso se acaba todo,	en faisant cela tout est fini.
no quiero nada con ellos,	je ne veux rien avoir à démêler avec eux.
salio con mil heridas,	il reçut quantité de blessures.
ahora sales con eso?	tu me dis cela à présent?
tu con migo vendremos juntos,	nous viendrons ensemble toi & moi.

Por, par.

Nous l'avons donnée comme étant préposition d'accusatif, & à cette occasion, nous y avons joint le sens en mettant les exemples; mais il faut remarquer qu'elle peut être adverbe de mouvement. (*Voyez* les adverbes). Il est donc nécessaire de savoir distinguer l'usage qu'on fait de chaque partie de l'oraison, voyant qu'un verbe peut s'employer comme substantif, un participe comme adjectif, un adjectif comme substantif, une préposition dans le sens d'un adverbe, &c.

Sin, sans.

Sin exprime négation, manque ou faute de ce dont il est question. Lorsqu'elle se joint aux verbes, elle marque amplement négation; & on peut la prendre pour *à demas de*, *à demas que*, en outre, outre; Exemple:

Estoi sin cuidado,	je suis sans souci.
va sin saber à donde,	il va sans savoir où.
trahia sus armas sin otras cosas,	{ il portoit ses armes, outre bien d'autres choses.

Tras,

Tras, après.

Tras, comme préposition, signifie l'ordre des choses : *el uno tras el otro*, l'un après l'autre ; *yo iba tras el*, j'allois après lui ; & se met aussi pour *ademas de*, outre ; *tras todo eso*, outre tout cela ; *tras ser ellos los culpados, levantan el grito*, malgré qu'ils soient les coupables, ils parlent haut.

LEÇON DOUZIEME.

De l'Interjection & de la Conjonction.

L'INTERJECTION est une partie du discours qui sert à exprimer les passions de l'ame, le sentiment étant attaché plutôt à la maniere de prononcer les lettres qui forment l'interjection qu'à l'interjection elle-même. Tels sont les sentimens de douleur, tristesse, pitié, admiration, étonnement, mépris, haine, amour, gaieté, & autres exprimés par les interjections suivantes :

ai! ah! aha! eh! ea! ola! va! ta! tate! chi! chito! hi! hihi!
haïe! ah! aha! eh! allons! da! va! paix, paix! chi! chut! he! hihi!

On fait d'autres interjections, soit de mots qui ont un autre sens, soit de plusieurs mots qui les forment. Elles ne font pas moins faites pour exprimer les mêmes passions, & l'on ne doit faire aucune attention à leur origine ; telles sont :

Vala me Dios!	bon Dieu!	*mal haya!*	malheur!
Jesus!	Jesus!	*que diablos!*	que diable!
ai que cosa!	quoi!	*maldito sea!*	maudit!
à Dios!	adieu!	*bien aya*, &c.	heureux! &c.

La conjonction est une partie du discours, qui sert à unir les membres & ses parties ; les unes s'appellent des conjonctions copulatives, comme :

y, i, e, que, con.
&, &, &, que, &.

D'autres disjonctives, comme :

ni, ò, u, ya, yaque, sinembargo, noobstante.
ni, ou, ou, déjà, puisque, cependant, cependant.

D'autres adversatives ou d'opposition, comme :

mas, *pero*, *quando*, *aunque*, *aunquando*, *pormasque*, *bienque.*
mais, mais, quand, quoique, quand même, quoique, bien que.

D'autres conditionnelles, comme :

si, *con tal que*, *con tal*, *como*, *pues si*, *pero si.*
si, à condition que, si, comme, mais si, mais si.

D'autres pour indiquer la cause, comme :

por que, *para que.*
parce que, pour que.

D'autres pour indiquer la continuation du discours, comme :

mientras, *pues*, *asique.*
pendant, donc, ainsi que.

D'autres marquent raison ou conséquence, comme :

pues, *luego.*
donc, or.

D'autres sont composées, comme :

à la verdad, *à saber*, *esto es*, *à menos que*, *con tal que.*
à la vérité, à savoir, c'est-à-dire, à moins que, à condition que.

fuera de esto, *entre tanto que*, *mientras que*, *dado que*, *supuesto que.*
outre cela, pendant que, pendant que, supposé que, supposé que.

como quiera que, *do quiera que.*
de telle manière que, par-tout où.

ABREGÉ de la manière de parler l'Espagnol.

NOUS ne ferons ici que mettre en ordre & en usage tout ce qui vient d'être indiqué dans les douze leçons précédentes. D'abord, il faut savoir qu'avec ces huit parties de l'oraison on forme des oraisons, ou phrases simples & composées : les phrases simples sont celles où l'on ne trouvera pas plus d'un verbe ; les phrases composées, celles où il y en a deux, trois, ou davantage, tellement dépendans les uns des autres, qu'ils ne forment qu'une seule phrase.

Des Phrases simples.

Les phrases simples renferment le verbe substantif *ser*, ou un verbe actif, ou un verbe neutre. Tel verbe qu'on emploie, les Espagnols, lorsqu'ils adressent la parole à une autre pérsonne, soit seconde ou troisieme, lui accordent une marque de respect plus ou moins grande, qui exige la troisieme personne du verbe, comme, en François, la seconde personne du pluriel : ainsi, au Roi, l'on dira, *Vuestra Magestad*, Votre Majesté ; à un Prince du Sang, *Vuestra Alteza*, Votre Altesse ; à un Grand d'Espagne, & autres personnes constituées en dignité, jusqu'aux Lieutenans - Généraux inclusivement, *Vuestra Excelencia*, Votre Excellence ; aux Conseillers de la Chambre de Castille, & aux Evêques, *Vuestra Señoria ilustrissima*, Votre Seigneurie illustrissime ; aux autres Conseillers & grands seigneurs, jusqu'aux Barons inclusivement, *Vuestra Señoria* simplement ; & à toute autre personne inférieure, *Vuestra merced*, *Vm.* Dans la conversation familiere on abrege le mot *vuestra*, & l'on dit *vuesa merced* ; il est même assez d'usage de syncoper encore ces deux mots en les joignant ensemble, & de dire *usted* pour *vuestra merced* ; ensorte que l'Espagnol ne tutoie personne que par grande intimité, par mépris, ou en parlant à des personnes fort au-dessous de lui, comme un seigneur à son valet.

Da me respuesta del recado,   Donne-moi réponse de la commission.
Señor, no se la puedo dar à usted, Monsieur, je ne puis vous la donner.

On peut abréger de même *vuestra excellencia*, par *vuecelencia*, ou *vuecencia*.

Des Phrases simples où se trouve le verbe ser.

Puisque ce sont les verbes qui caractérisent les différences qui peuvent se trouver dans les phrases, c'est à la différence des verbes qu'il faut s'attacher pour les bien reconnoître. Le verbe *ser* a un régime qui lui est particulier, comme étant le seul de sa signification : aucun autre ne peut le remplacer. La personne qui est, précede le verbe au nominatif ; ce nominatif étant un substantif ou un pronom peut recevoir un adjectif, & même deux ; il peut aussi être suivi d'une phrase incidente, où autre phrase simple ; après le verbe peuvent aussi se trouver d'autres phrases, & d'autres noms, &c.

La premiere personne (*yo*), & la seconde (*tu*), peuvent ne pas être nommées dans les phrases, parce que la terminaifon du verbe en évite la peine. Dans les interrogations, les nominatifs vont après le verbe ; Exemple :

Quien eres ?	qui es-tu ?
foi tu hermano,	je fuis ton frere.
el es un afno,	il eft un âne.
Vm. es fabio,	vous êtes favant.
Vm. es un fabio,	vous êtes un favant.
el hombre prudente i circunf-	l'homme prudent & réfléchi en tout, &
pecto para con todos i en todas	vis-à-vis de tous, *eft* feul le véritable fage,
ocafiones, es folo el verdadero i	& mérite feul ce nom.
propriamente llamado fabio.	

Des Phrafes fimples où fe trouve un verbe actif.

Ces phrafes fimples, formées par un feul verbe actif, ont devant le verbe un nominatif de perfonne ou de chofe qui eft le fujet du verbe. Après le verbe, la phrafe peut avoir un accufatif, qu'on nomme l'objet du verbe, & dans lequel fe termine fon action ; de maniere que tournant le verbe au paffif, l'objet devient nominatif, avec qui le verbe s'accorde parfaitement, & le fujet ou nominatif devient ablatif avec les prépofitions *por* ou *de* ; Exemple :

Yo explico las reglas,	j'explique les regles.
las reglas fon explicadas por mi,	les regles font expliquées par moi.

Dans tel autre ordre que l'on trouve ces phrafes, il faut les réduire à celui-ci, qui eft le propre & naturel.

Il eft donc évident que tous ces cas de nominatif ou fujet du verbe en actif, de nominatif ou objet du verbe au paffif, celui d'accufatif ou objet du verbe en actif, & enfin celui d'ablatif, ou fujet du verbe au paffif, ne doivent point être confondus avec les autres ; & qu'il faut les appeller le régime direct d'un verbe, tandis que tous les autres, c'eft-à-dire, le génitif de poffeffion, le datif, l'accufatif de mouvement & autres, & les autres ablatifs, feront appellés le régime indirect, & c'eft ainfi que nous nous exprimerons toujours.

Il eft à propos d'obferver en paffant, que l'accufatif d'objet ou régime direct d'un verbe, lorfqu'il eft une perfonne, eft toujours précédé de la prépofition *á* ; & que, lorfqu'il eft une chofe, il va fans la prépofition ; Exemples :

veo á Vm.	je vous vois.
conozco á efte hombre,	je connois cet homme-là.

veo la puerta,   je vois la porte.
conozco la verdad,   je connois la vérité.

Il est néanmoins certain que le nominatif, de telle façon qu'on le prenne, doit être considéré comme régime direct de tous les verbes, puisqu'on ne peut former de phrases, ni faire usage d'aucun verbe sans nominatif, excepté les phrases impersonnelles, où quelquefois le verbe à la troisieme personne du singulier, & le pronom réciproque, ont un sens neutre & impersonnel, dont on se sert fort souvent, comme :

es claro,   il est clair.
puede fer,   il peut être.
se dice,   on dit.
parece,   il paroît.
se cree,   on croit.
no se puede,   on ne peut pas.
quando se escribe no se lee, quand on écrit, on ne lit pas.

ainsi des autres.

Ces mêmes impersonnels peuvent s'exprimer à l'équivalent par la troisieme personne du pluriel, en disant :

creen,   on croit.
cuentan,   on raconte.
dicen,   on dit.
van,   on va.
leen,   on lit.

Mais ces impersonnels sont seulement pour certains verbes, que l'usage enseigne mieux que la théorie.

On se sert, en Espagnol, d'une autre maniere d'exprimer l'impersonnel, en rendant le verbe personnel avec le numéral *uno*, un ; *una*, une ; ainsi qu'il suit :

No puede uno hacer otra cosa, on ne peut pas faire autrement.
no escribe uno con gusto,   on n'écrit pas avec plaisir.
no sabe uno,   on ne sait pas.

Cette même tournure d'impersonnel peut aussi être remplacée par la premiere personne du pluriel, & l'on peut dire :

no escribimos con gusto (pour) on n'écrit pas avec plaisir.
no sabemos,   on ne sait pas.
no entendemos,   on n'entend pas.

au lieu de dire *no se escribe*, *no se sabe*, *no se entiende* ;

ainſi des autres, eu égard à l'uſage qui eſt le grand maître pour le détail.

Lorſqu'on forme une phraſe ſimple avec un verbe actif, & qu'on reconnoît le régime direct, on peut conſtamment reconnoître auſſi le régime indirect; & c'eſt de cette connoiſſance qu'on doit tirer l'intelligence du diſcours entier. On peut donc d'abord former des phraſes auſſi courtes que l'on voudra, en y ajoutant par l'ordre naturel, ou en l'altérant par toutes ſortes de mots, & prolongeant le ſens, ou le reſſerrant à volonté; Exemple :

Enſeño,	j'enſeigne.
enſeño los preceptos,	j'enſeigne les regles.
enſeño los buenos preceptos,	j'enſeigne les bonnes regles.
Pueſto que yo miſmo enſeño los mejores preceptos,	d'abord que j'enſeigne les meilleurs préceptes.

Suponiendo que deſde luego yo, con el mayor guſto poſible, i ſegun el mejor metodo, con brevedad i no ſino una grande claridad, enſeño los mas adaptados e inteligibles principios de la lengua eſpañola à hombres i mugeres, à grandes i chicos, à ricos i pobres, i enfin à qualquiera en la antigua grande i leal ciudad de Paris, teatro de tantos i tan inſignes perſonages.	En ſuppoſant d'abord qu'avec tout le plaiſir poſſible, & ſelon la meilleure méthode, & non ſans une grande clarté, j'enſeigne les plus propres & les plus intelligibles principes de la langue eſpagnole, tant aux hommes qu'aux femmes, tant aux grands qu'aux petits, aux riches & aux pauvres, enfin à tout le monde, dans l'ancienne grande & fidelle ville de Paris, théatre de tant d'inſignes perſonnages.

Tant de mots ne forment qu'une phraſe ſimple, *enſeño los principios de la lengua eſpañola;* c'eſt le régime direct, tous les autres mots ſont du régime indirect. Sur cet exemple, il eſt aiſé d'en former d'autres plus ou moins variés, & l'on reconnoîtra en tous la même conſtruction.

Des Phraſes ſimples où ſe trouve un verbe neutre.

Les phraſes ſimples, où ſe trouve un verbe neutre, ont cela de particulier qu'elles ne peuvent avoir l'accuſatif du régime direct, ni en actif, ni au paſſif. Pour le reſte, elles peuvent avoir tous les cas du régime indirect, & devenir également longues. Voyez la maniere de diſtinguer les verbes actifs d'avec les neutres, que nous avons donnée au commencement. Les verbes réciproques & les défectueux ſont toujours de la claſſe des neutres, & il ne faut pas les confondre avec plusieurs qu'on trouvera en usage comme réciproques. La plus grande partie est aussi en usage comme actifs dans une autre signification, comme *sentarse*, s'asseoir, & *sentar*, poser ; *reirse*, rire ;

    todo se lo rie,   tout lui rit, il rit de tout.

ce verbe, dans l'exemple donné, est pris comme un véritable verbe actif.

Nota. Il y a, en Espagnol, une maniere d'exprimer le temps d'un verbe par deux, en joignant son gérondif avec un autre verbe, ce qui indique alors une continuation de l'action, comme si on vouloit la rendre plus sensible & la peindre avec plus d'énergie ; Exemple :

iba entrando,	alloit entrant,	*pour*	entroit.
estaba oyendo,	étoit écoutant,		écoutoit.
venia corriendo,	venoit courant,		couroit.
iba diciendo,	alloit disant,		disoit.

Des Phrases composées de deux verbes.

Toutes ces phrases composées de deux verbes peuvent se réduire à quatre especes, auxquelles nous donnons des noms par rapport au sens où elles sont traduites en Latin, qui n'est point applicable au François : ces phrases sont de relatif, d'infinitif, de gérondif & de conjonctif.

Des Phrases de relatif.

Le relatif *que* se rapportant à un substantif, devient substantif lui-même, & par là il peut entrer dans le discours pour servir tant de régime direct que d'indirect, ce qui est la cause que le relatif *que*, par ce seul emploi, fournit une très-grande variété de phrases, dont nous allons donner le détail le plus essentiel.

Le relatif *que*, comme sujet du nominatif du verbe *ser*.

He aqui los principios que son los me-   voici les principes qui sont les meil-
jores de la lengua española.   leurs pour la langue espagnole.

Le relatif *que*, comme servant au régime indirect du verbe *ser*.

Estos principios de que es propria la   ces principes dont la clarté est la
mayor claridad, &c.   meilleure qualité.

Le relatif *que* au régime direct avec des verbes actifs.

Veo el libro que te pertenece,	je vois le livre qui t'appartient.
veo el libro que contiene la verdad (en activa),	je vois le livre qui contient la vérité (en actif).
veo el libro por quien la verdad es contenida (a la pasiva),	je vois le livre dans lequel la vérité est contenue (au passif).
veo el libro que me diste,	je vois le livre que tu me donnas.

Dans cet exemple, le relatif *que* est à l'accusatif où est l'objet de régime direct ; dans l'exemple qui suit, au passif, il va devenir nominatif :

Veo el libro que me fue dado por ti,	je vois le livre qui me fut donné par toi.

Le relatif *que* au régime indirect avec les verbes actifs.

Este es el libro de cuias verdades dudo,	c'est-là le livre sur les vérités duquel je doute,
embiote el remedio à que attribuyes tantas virtudes,	je t'envoie le remede auquel tu attribues tant de vertus.
conoce al fin el error de que nacen tantos otros,	connois enfin l'erreur de laquelle (d'où) proviennent tant d'autres erreurs.
estas verdades de que dudas te seran conocidas despues,	ces vérités dont tu doutes te seront connues par la suite.
no dudo de la verdad à que me inclino,	je ne doute point de la vérité pour laquelle je suis incliné.

On ne manquera pas de trouver dans les livres, des exemples de phrases composées de deux verbes avec le relatif, où la phrase simple du premier verbe soit alongée par différens accessoires à volonté, de même que la seconde du verbe accompagnant le relatif : telle est celle qui suit.

Le relatif *que* étant substantif, tel que nous le donnons dans les exemples précédens, a toujours à-peu-près le même emploi, c'est-à-dire, qu'il est masculin, féminin, neutre, singulier & pluriel.

Lorsqu'il devient interrogatif, on peut mettre à sa place *qual, quien, quales, quienes*, ce dernier servant uniquement pour des personnes ; Exemple :

Que es lo que ves ?	qu'est-ce que tu vois ?
que hombre hai que sepa ?	quel homme y a-t-il qui sache ?
qual es el joven que no conoce ?	quel est le jeune homme qui ne connoît pas ?

quien puede contar las penas ?   qui peut raconter les peines ?
de quien es la lei que nos obliga ?   de qui eſt la loi qui nous oblige ?

Le relatif *que*, au commencement de pluſieurs phraſes, devient comme une conjonction ou comme un adverbe, pour faire des relations, des comparaiſons, & d'autres manieres de rapports, ſoit abſolus, ſoit liés au ſens des phraſes précédentes. En voici des exemples :

Que bien dicho eſta eſo !   que cela eſt bien dit !
que no ſe puede dudar que , &c.   car on ne peut pas douter que, &c.
que ciudad tan grande !   que cette ville eſt grande !

es tan grande, que apenas cabe en el eſpacioſo valle ,   elle eſt ſi grande, qu'à peine peut-elle tenir dans une vallée ſpacieuſe.

bien quiſiera que aſique llegaſe ,   je voudrois bien qu'auſſi-tôt qu'il ſeroit arrivé.

que importa ? que no ſiempre vale el engaño ,   qu'importe ? la tromperie ne prévaut pas toujours.

eh hizo mas que todos ,   il fit plus que tous.
quanto mas que yo le vi ,   d'autant plus que je le vis moi-même.

que diga lo que quiera, que todo eſo es mentira ,   quoiqu'il en diſe, cela eſt faux.

que eſo no me va ni me viene ,   car cela ne me fait rien.
que eſo no me toca ni me atañe ,   que cela ne me fait rien.

no hizo mas caſo que ſi fuera un perro ,   il n'y fit pas plus d'attention qu'à un chien.

que coſa tan bella !   quelle jolie choſe !

Des Phraſes d'infinitif.

Ces phraſes ſont auſſi compoſées de deux verbes, dont le ſecond eſt à l'infinitif, ou bien à tel temps que l'on voudra, précédé du relatif *que*. Il y a donc deux manieres de faire ces phraſes ; elles reviennent au même ſens, comme *el penſaba venir*, ou bien *el penſaba que vendria*. Les différentes combinaiſons de ces deux verbes, dont le premier s'appelle le déterminant, font une agréable variété, dont la marque caractériſtique eſt de trouver le relatif *que*, ſe rapportant immédiatement à un verbe, qui ſera toujours le déterminant ; & le ſecond, qui ſe joint au relatif *que*, eſt le déterminé, ou celui qui ſe rapporte au ſens d'infinitif ; Exemple :

Creimos que tu vendrias ,   nous crûmes que tu viendrois.
nos aſeguró que teniamos eſo ,   il nous aſſura que nous avions cela.

dile que te embie el dinero,	dis-lui qu'il t'envoie l'argent;
que puedo hacer ?	que puis-je faire ?
no quiero ir,	je ne veux pas y aller.
deseaba entresacar los mejores,	il désiroit choisir les meilleurs.

On peut ajouter ce qu'on veut au premier, ainsi qu'au second membre de la phrase. Il paroît quelquefois alors qu'on fait de longues périodes, dont on ne peut saisir le sens ; mais il sera toujours facile de s'y reconnoître, lorsqu'on séparera le régime direct d'avec l'indirect ; Exemple :

Alli cerca i no mui distantes de la otra trinchera, nuestros enemigos con grande artificio i mucha prevencion de fuegos, esperaban en paciencia, i resguardados de todos nuestros centinelas, que privados de general por aquel instante i acostumbrados á estos ataques, como fiados de nuestra posicion, hiciesemos los mismos ataques que los de los dias precedentes ; pensamiento e idea mal fundada i solo digna de tales enemigos, burlados ciertamente en ella como en todas las demas.	Là près, & peu éloignés de l'autre tranchée, nos ennemis, avec un grand artifice & une grande quantité de feux, attendoient patiemment, & dérobés à la vue de toutes nos sentinelles, que nous qui étions alors dépourvus de général, accoutumés à ces attaques, & nous fiant sur notre position, nous en ferions quelqu'une comme celles des jours précédens ; pensée & idée mal fondée, & digne seulement de tels ennemis, également trompés dans celle-ci & dans toutes les autres.

La construction & le régime direct de cette phrase, sont ces seuls mots *nuestros enemigos esperaban que hiciesemos los mismos ataques ;* le reste est formé par des phrases incidentes ou appositions, par des adjectifs, par des participes, par des cas du régime indirect, & des ablatifs absolus, moyennant les conjonctions, prépositions ou adverbes, comme on pourra le remarquer facilement.

On trouve souvent l'infinitif sans être déterminé par un autre verbe, mais bien par une préposition, ou seulement accompagné d'un article masculin : c'est pour lors qu'il est pris comme substantif, ce qui lui fait tenir la place qu'auroit un substantif, soit pour former le régime direct, soit pour former le régime indirect d'un autre verbe ; cela embarrasse souvent le lecteur ; Exemple :

Decir eso es lo mismo que mentir,	dire cela, c'est mentir.
no hai mal en decir la verdad,	il n'y a pas de mal à dire la vérité.
hizo lo que pudo por venir,	il fit ce qu'il put pour venir.
el comer hace bien al cuerpo,	manger fait bien au corps.
diole un real per-escribir una carta,	{ il lui donna un réal pour écrire une lettre.

no contento con mentir hizo mas,	non content de mentir, il fit plus.
si el darle gracias vale por todo,	si lui rendre graces tient lieu de tout.
á mas no poder,	à ne pouvoir plus.
pone todo su conato en quejarse,	il fait tous ses efforts pour se plaindre.
acaba de llegar, de escribir,	il vient d'arriver, d'écrire.
no es para venir aqui,	il n'est pas homme à venir ici.
tanto por estar embarazado, como por	non-seulement parce que je suis em-
non tener dinero, no soi, &c.	barrassé, mais aussi parce que je n'ai
	pas d'argent, je ne suis, &c.

Des Phrases de gérondif.

Les phrases composées de deux verbes sont d'un usage très-fréquent dans la langue espagnole : le sens du premier au gérondif est déterminé par le second. Chacun des deux verbes forme une phrase simple, susceptible de tous les arrangemens que nous avons fait voir dans les exemples précédens. Il y a quatre formules de gérondif, qui se distinguent par l'empreinte que chacune a de présent, de prétérit, de futur & de temps composé; Exemple :

Gérondif du présent.

Tels sont *amando*, *leyendo*, qui se traduisent littéralement en François par le participe de présent.

Siendo la virtud nuestro apoyo, no temerémos cosa alguna. } la vertu étant notre appui, nous ne craindrons chose au monde.

On pourroit mettre, à la place de *temerémos*, tel autre temps du verbe que l'on voudroit, excepté la troisieme terminaison de l'imparfait de l'optatif, & le futur de l'optatif. Alors le sens du gérondif varie en raison du temps où se prend le second verbe. Le gérondif du présent ne peut pas se combiner avec les deux temps que nous venons de donner dans l'exception.

Gérondif du passé.

Habiendo sido la virtud nuestro apoyo, no tememos cosa alguna. } la vertu ayant été notre appui, nous ne craignons chose au monde.

A la place de *tememos*, on pourroit substituer tel temps que l'on voudroit de toute la conjugaison, exceptés les mêmes deux temps désignés dans l'article du gérondif du présent.

Gérondif du futur.

Habiendo de fer la virtud nueftro apoyo, no temimos cofa alguna. { la vertu devant être notre appui, nous ne craignîmes chofe au monde.

A la place de *temimos*, on peut varier le temps, en exceptant toujours les deux temps ci-deffus.

Gérondif de temps compofé.

Habiendo de aver fido la virtud nueftro apoyo, nada hubimos de temer. } la vertu ayant dû être notre appui, nous n'eumes rien à craindre.

Il eft clair que dans le fens de cette formule, où le gérondif fuppofe l'action du verbe dans un temps plus que paffé, le fecond verbe ne peut être ni préfent, ni aucun des imparfaits, excepté la feconde terminaifon de l'optatif; il refte donc les paffés & les futurs par lefquels on peut varier ce temps.

Toutes ces quatre formules du gérondif peuvent être variées de la maniere fuivante.

Pour le Gérondif du préfent.

Leyendo,
al leer, } en lifant.
al tiempo de leer,   au moment de lire.
como lea ou leyefe,
eftando leyendo, } comme on étoit à lire.
iendo leyendo,
al tiempo que leó ou leia, ou lei, ou leeré, } au moment que je lis, lifois, lus, lirai.

Toutes ces formules valent le gérondif du préfent en *ando* ou en *iendo*, après quoi l'on place le fecond verbe pour déterminer le fens du gérondif felon les exemples précédens.

Pour le Gérondif du paffé.

Habiendo leido,   ayant lu.
defpues de leer,
defpues de haber leido, } après avoir lu.
en leiendo,
en habiendo leido, } en ayant lu.

Defpues que ha, hubo, habia, habrá, ⎫ après qu'il a, eut, avoit, aura, &c.
  haya, hubiera, habria, hubiefe, ⎬ lu.
  hubiere leido, ⎭

On doit ici placer l'ablatif abfolu, qui fe fait en mettant le participe tout feul, & ordinairement devant fon fubftantif, comme :

Leida la carta,	la lettre étant lue.
efto echo,	cela étant fait.
hechas las ceremonias,	les cérémonies étant faites.
roto el tratado,	le traité étant rompu.
como fuefe leido el tratado,	après que le traité fut lu.

Pour le Gérondif du futur.

Habiendo de leer,	ayant à lire.
debiendo leer,	devant lire.
eftando para leer,	étant prêt à lire.

como quiera que habia de, hubiefe de, ⎫ de telle maniere qu'il dût lire, qu'il
  hubiera de, hubiere de leer, ⎬ devroit lire, &c.

Pour le gérondif de temps mêlé, il n'y a d'autre formule que celle donnée.

Des Phrafes de conjonctif.

Les phrafes de conjonctif font celles qui font compofées de deux verbes, dont le premier eft précédé d'un adverbe ou d'une conjonction, ou d'une interrogation, & n'auroit aucun fens, étant féparé du fecond. Quoiqu'ordinairement le verbe foit mis au conjonctif, on forme auffi nombre de ces phrafes, dont le premier verbe eft à l'indicatif. A cette occafion, il ne fera pas hors de propos de remarquer que le mœuf conjonctif d'un verbe eft le même que le fubjonctif ou optatif, ou potentiel : la différence entre ces différens noms, c'eft que les deux premiers indiquent que le verbe fuit après & s'unit à une autre partie de l'oraifon qui le détermine ; au lieu que le mot *optatif* marque defir, & le mot *potentiel* poffibilité de l'action, fans employer aucun autre mot qui exprime, ni le defir, ni la poffibilité, ce qui deviendra plus clair par des exemples :

Aunque vengas, no verás nada. ⎫ quoique tu viennes, tu ne verras
  ⎬ rien,
fi viniera, tendria gufto en verle, s'il venoit, je le verrois avec plaifir.

porque mas amaria la virtud suya, si me fuera mas conocida,	car j'aimerois mieux sa vertu, si elle m'étoit plus connue.
huimos siempre de donde mejor estuvieramos,	nous évitons toujours l'endroit où nous nous trouverions mieux.
qual seria la burla, si lo hubiesemos creido ?	quelle auroit été la moquerie, si nous l'avions cru ?
incitanos el mundo para que nos desengañemos mas de el,	le monde nous attire pour que nous nous désabusions davantage à son égard.
que de verdades no diria si le fuera licito decirlas ?	combien de vérités ne diroit-il pas, s'il lui étoit permis de les dire ?
pluquiera al cielo que viniese !	plût au ciel qu'il vint !
que venga, que todo lo recibirà,	qu'il vienne, il recevra tout.
hicieralo de buena gana, mas hai !	je le ferois de bon cœur, mais hélas !
no fuera caso que lo rompiese todo,	que par hazard il ne cassât tout.
si intento una cosa, no es facil la otra,	si je vise à une chose, l'autre n'est pas facile.
à no haberlo dicho asi, no fuera el parte en esto echo,	s'il ne l'avoit pas dit ainsi, il n'auroit aucune part dans ce fait.

Enfin, c'est par des phrases semblables, & par une combinaison si variée des verbes, qu'on forme les discours en mêlant les phrases simples à d'autres composées. Nous pourrions ajouter ici la composition de phrases plus compliquées ; mais, comme elle se fait toujours avec celles que nous venons de détailler, nous nous en dispenserons, en renvoyant les lecteurs au premier livre qui leur tombera entre les mains. Ils pourront y observer tout ce que nous venons de dire, & remarqueront bien qu'il n'y a pas d'autre genre de phrases dans la langue espagnole.

Idée abrégée de la construction figurée.

Il est absolument nécessaire d'avoir une idée de la construction figurée des phrases de la langue espagnole, pour connoître les difficultés qui s'y rencontrent. Cette construction figurée se fait par ces quatre figures que tout le monde connoît, *hyperbaton, elipsis, sylepsis, & pleonasmos.*

On appelle *hyperbaton*, l'ordre naturel d'une phrase altéré, en mettant avant ce qui doit être après, ou au contraire. Nous ne détaillerons pas ici l'ordre naturel de chaque phrase, soit simple, soit composée : chacun doit le reconnoître, d'après le détail que nous en avons donné en traitant d'elles, comme nous venons de le faire. Il suffit du détail sur l'ordre renversé pour reconnoître dans tous les cas l'opposé ; Exemp.

* *El rubio Dios en la occasión quifiera, por no mirar tan aspera fortuna, que à fus hermosos rayos se opusiera llena de claridad la ingrata luna.*

le Dieu du jour, en cette occasion, auroit voulu que, pour ne pas voir une aussi triste fortune, la lune ingrate & pleine de clarté s'opposât à ses beaux rayons.

Ordre naturel.

El rubio Dios quifiera en la occasion que la ingrata luna llena de claridad se opusiera à fus hermosos rayos por no mirar tan aspera fortuna.

En comparant les deux manieres dont cette phrase est arrangée, on verra comment l'ordre naturel est changé en hyperbaton.

Cette figure est non-seulement commune, mais elle est nécessaire, en ce que plusieurs phrases sont devenues des formules & des manieres de parler de l'usage commun. Elle s'applique non-seulement aux phrases entieres, mais même aux parties de détail : par exemple, un substantif doit aller devant son adjectif ; cependant, il y a plusieurs adjectifs qui doivent précéder leurs substantifs, de maniere que ce seroit parler incorrectement que de les mettre après. Tels sont les numéraux en général ; ainsi donc :

Hombres muchos hai que dicen, plusieurs personnes disent.

seroit mal dit ; il faut dire : *muchos hombres hai, &c.*,

algunas mugeres quieren, quelques femmes veulent.
todos los niños apetecen, tous les enfans desirent, envient.
ciertos vasallos lo hicieron, certains vassaux firent cela.
cada cavallo acometio por sí, chaque cheval attaqua de son côté.
quarenta soldados solos la tomaron, quarante soldats seuls la prirent.

Dans les expressions d'admiration, les adjectifs précedent ordinairement leurs substantifs ; mais l'on peut aussi les faire suivre ; Exemple :

Que hermosa es la virtud !
que la virtud es hermosa !
} que la vertu est belle !

que agradable musica oigo !
que musica oigo tan agradable !
} quelle musique agréable j'entends !

---

* *Joseph de Villaviciosa,* dans le poëme de *la Mosquea,* c. 1, s. 4.

quan gloriofa es la buena fama !	{ combien glorieufe eft la bonne répu= tation !
que la buena fama es gloriofa !	{ qu'une bonne réputation eft glo= rieufe !

Les pronoms fubftantifs ou perfonnels précedent dans tous les cas ; mais les adjectifs précedent ordinairement leurs fubftantifs. Ils peuvent fe mettre après, pour donner plus d'énergie à l'expreffion. Voyez ce que nous avons dit à cet égard, lorfque nous avons traité des pronoms. Les pronoms réciproques *me, te, fe, nos, vos, os, le, la, lo, les, los, las*, fe placent de tant de manieres différentes, qu'il n'eft pas poffible de les réduire à des regles certaines & invariables. La maniere la plus commode de faifir cette grande variété, c'eft de les obferver continuellement, & de l'apprendre par l'ufage. Lorfqu'ils fuivent joints aux verbes, ils rendent le mot bref ou dactyle.

On appelle *elipfis* la figure par laquelle on paffe fous filence une partie du difcours, qui, étant néceffaire pour la conftruction grammaticale, eft fous-entendue facilement. Cette figure eft d'un grand ufage, & même très-utile. Elle fauve des répétitions ennuyeufes, & met à même d'accourcir une phrafe, fans nuire à la clarté du difcours. Elle eft d'un ufage tellement familier dans certaines expreffions, que vouloir parler autrement, ce feroit mal parler ; Exemple :

Un vafallo prodigo fe deftruye à fi mifmo : un principe à fi i à fus va= fallos.	un particulier prodigue fe ruine lui-même ; mais un prince prodigue fe ruine lui-même, & ruine fes vaffaux.
(fans figure). Un vafallo prodigo fe deftruye à fi mifmo : un principe prodigo fe deftruye à fi mifmo i à fus vafallos.	
buenos dias,	je vous fouhaite le bon jour.
buenas tardes,	le bon foir.
buenas noches,	la bonne nuit.
gracias,	je vous rends graces.
mil gracias,	mille remerciemens.
eftà bien,	c'eft bon.
que cofa ?	quoi ? qu'eft-ce que c'eft ?
como ?	comment ?
que ?	quoi ?

Et autres expreffions femblables, où l'*elipfis* a lieu, font très-bien reçues, en y fous-entendant ce que le cas & les cir-conftances demandent qu'on fupplée. Mais il eft à propos de
remarquer

remarquer que dans la langue espagnole, on fait un grand usage de cette figure, sous le nom d'une autre, qu'on appelle *aposicion*. Elle se fait, lorsque, après une phrase quelconque, ou bien dans le milieu d'une phrase, on joint dans un sens indéfini un substantif, & même une autre phrase qui ne dépend de rien, & ne se soutient que par le sens ajouté qu'elle rend. Dans tous ces cas, on sous-entend un verbe ou une conjonction facile à deviner, de maniere qu'on lui restitue la dépendance grammaticale qui lui manque ; Exemple :

Llegué à Madrid, corte de el Rei de España, i emporio de la mas antigua nobleza.

j'arrivai à Madrid, qui est la cour du Roi d'Espagne, & le centre de la plus ancienne noblesse.

Obstinaronse los enemigos en querer defenderse con la artillería, cosa que no podia estorvar nuestro intento.

les ennemis s'obstinerent à vouloir se défendre avec leur artillerie, chose qui ne pouvoit nuire à nos desseins.

L'aposicion se fait dans ces mots, *corte*, *emporio*, *cosa*, ce qu'il est aisé de sentir dans la traduction.

La figure *sylepsis* se fait, en Espagnol, lorsque quelque partie de l'oraison, qui doit convenir avec quelque autre des précédentes, ne s'accorde point avec elle selon les regles de la grammaire, mais plutôt s'accorde avec le sens. Cette figure se fait de trois manieres, dans le genre, dans le nombre & dans le cas.

On fait la *sylepsis* sur le genre, lorsqu'ayant fait précéder des substantifs masculins & féminins, l'adjectif qui suit s'accorde avec le masculin, plutôt qu'avec le féminin ; ou bien lorsque des substantifs féminins ont un sujet masculin, ce qui fait accorder l'adjectif qui suit, plutôt avec le sujet qu'avec les mots féminins qui le suivent ; Exemple :

El hombre i la muger justos.
vuestra merced es un ingrato.
vuecelencia es agradecido.
vuecelencia es agradecida.

On fait *sylepsis* sur le nombre, lorsque, ayant nommé un pluriel & un singulier, l'adjectif ou le verbe suivans s'accordent plutôt avec le pluriel qu'avec le singulier ; ou bien, lorsque, ayant fait précéder deux singuliers, l'adjectif ou le verbe s'accordent avec ces substantifs en pluriel, comme dans l'exemple :

El hombre i la muger justos,	l'homme & la femme justes.
mi hermano i el tuyo dixeron,	mon frere & le tien dirent.

Les substantifs collectifs donnent aussi occasion de faire une *sylepsis* sur le nombre, lorsque l'adjectif ou le verbe s'accordent plutôt avec le sujet entendu dans le nom collectif, qu'avec le nom même ; & c'est dans cet usage des noms collectifs qu'on trouve la *sylepsis* sur le cas, lorsque, après un génitif ou autre cas, suit un pronom qui sert à faire la concordance avec la signification de ce cas, plutôt qu'avec la signification du collectif ; Exemple :

Este numero de mugeres Cathalanas fueron las que defendieron à Galipoli contra los Ginoveses.	c'est le nombre des femmes Catalanes qui défendirent Gallipoli contre les Génois.

Ici le verbe *defendieron* s'accorde clairement avec les femmes sous-entendues dans l'article *las* & le relatif *que*, & point avec le sous-entendu du nom collectif *numero*. On trouvera beaucoup d'autres exemples de cette nature. Les Grammairiens pourront ne pas convenir que ce soit une *sylepsis* sur le cas.

Enfin, on fait la figure *pleonasmos*, lorsqu'on met dans une phrase un substantif ou un verbe, dont on pourroit se passer : tels sont les exemples suivans :

Voi viendo, veo,	je vois.
estoi diciendo, digo,	je dis.
lo vi por mis ojos,	je le vis.
como queda dicho atras,	comme il est dit.
volò por los aires,	s'envola.
subimos arriba,	nous montâmes.
baxaron abaxo,	ils descendirent.
el mismo,	lui.
tu proprio,	toi.
à ti te hablo,	c'est à toi que je parle.
à el se lo dixo,	il lui dit cela.
el me lo dio à mi,	il me le donna.
su sombrero de V.m.,	votre chapeau.

On voit, par la traduction françoise, les mots qui sont de trop. Néanmoins ils servent, ainsi que les autres figures, à donner de l'énergie & de l'élégance aux phrases qui doivent former un discours pur, sans être recherché, ce qu'on obtiendra par la seule intelligence de ces principes.

O B S E R V A T I O N S *sur la Langue Espagnole.*

Tout ce que je crois de plus à propos pour faciliter, & hâter les progrès de ceux qui auront vraiment à cœur de s'avancer par eux-mêmes dans la langue espagnole, pour leur en applanir les difficultés, & leur sauver en partie l'ennui & le dégoût qui accompagnent toujours les commencemens de l'étude des langues, c'est de leur tracer un plan méthodique pour se diriger dans l'étude de celle-ci, & d'y joindre quelques observations, d'après lesquelles ils pourront se former une idée du génie & du caractere propre de la langue espagnole.

La premiere chose qu'on doit faire, c'est d'apprendre à lire. Il faut pour cela tâcher à prononcer toutes les lettres avec beaucoup de netteté dans la prononciation & dans l'accent, suivant que nous l'avons indiqué.

La langue espagnole n'a point de voyelle muette en aucun cas, excepté l'*u*, ou, dans *que*, *qui*, & *gue*, *gui*; ce qui est exactement conforme au François.

A l'égard de l'accent, la langue espagnole ne l'emploie que dans le cas où le mot s'éloigne de la regle donnée; & les imprimeurs, à cet égard, n'ont point eu, jusqu'à présent, de regle fixe & certaine, ce qui a donné lieu de surcharger d'accens les plus belles éditions, au point de les rendre fastidieuses : c'est par cette raison, & pour affranchir la langue espagnole de ces entraves inutiles, que nous les ôtons.

1°. De tous les monosyllabes, parce que ces mots sont toujours longs. La différence qui doit se faire entre *el*, article, & *el* pronom, doit se connoître dans l'emploi de ces mots, & non pas dans le trait qu'on placeroit sur *el*, pronom; par exemple :

> *el hombre dixo.*
> *el dixo.*

On voit bien que le premier *el* est l'article qui doit précéder toujours un fubftantif, & que le fecond *el* va tout feul, étant lui-même un fubftantif; l'accent fur *el*, pronom, feroit donc inutile;

2°. De tous les temps en *ia*, parce qu'ils font toujours longs dans les finales. L'*io*, dans la troifieme perfonne du paffé de l'indicatif, eft une diphthongue, & par conféquent, l'*o* devient long, étant la derniere lettre de la diphthongue. La derniere fyllabe du futur de l'indicatif eft longue, & doit être marquée, parce qu'en cela ce temps s'éloigne de la regle, qui eft que tous les mots efpagnols ont l'accent à l'avant-derniere fyllabe : or, fuivant cette regle, il faut l'ôter des temps de l'optatif en *ra* & *re*, comme *amara*, *amare*, car ils conviennent avec la regle générale. Il faut, par la même raifon, mettre l'accent fur la premiere perfonne du paffé de l'indicatif de la premiere conjugaifon, & ne pas le mettre fur les perfonnes du préfent de l'optatif; ainfi du refte.

Lorfque les pronoms font placés à la fuite des verbes, il eft d'ufage de les joindre de maniere qu'ils ne font qu'un mot avec le verbe; & pour lors ils ont la propriété de rendre ce mot dactyle ou bref, fans qu'il faille y placer aucun accent, comme :

Eftandome,	m'étant.	*dieronle*,	on lui donna.
viendolo,	le voyant.	*vihofe*,	il s'en vint.
dixote,	il te dit.	*acercofenos*,	il s'approcha de nous.

Et lorfque ce font des perfonnes du pluriel, outre la prononciation de dactyle, on retranche quelque lettre : comme *dimonos prifa*, pour *dimofnos*, nous nous hâtâmes.

Pour ce qui eft de l'accent des noms fubftantifs & adjectifs, nous en avons donné la regle générale : lefquels fons & autres on peut dire que, ... *digitis callemus & aure*, fans qu'il faille embarraffer une langue, par la feule raifon de plaire aux ignorans, qui trouvent commode ce qu'ils n'apprendront jamais. L'étranger amateur, au contraire, nous faura gré de lui donner de la facilité, en fimplifiant, le plus qu'il eft poffible, les principes de la langue qu'il doit apprendre.

Après qu'on fe fera affermi dans la lecture, on s'appliquera à remarquer l'ufage des articles, en obfervant, dans les noms fubftantifs & adjectifs, la déclinaifon & leur étymologie. A l'égard de celle-ci, pour s'aider à traduire de l'Espagnol en François, on fera attention que la langue latine étant la source de ces deux langues, elles traduisent, ou pour mieux dire, copient en général les mots latins, chacune à sa manière, ce dont nous pourrions donner une suite d'exemples qui seroit assez curieuse. Mais il suffira de dire, qu'en traduisant de l'Espagnol en François, les mots espagnols finissans en *a*, se terminent, en François, en *e* muet, comme :

Luna,	la lune.	*tierra*,	la terre.
lana,	la laine.	*puerta*,	la porte.
suma,	la somme.	*mula*,	la mule.
mana,	la manne.	*alta*,	haute.
buena,	bonne.	*plaza*,	la place.
sana,	saine.	*baxa*,	basse.

Les mots en *e* se terminent de même, comme :

Leve,	léger, re.	*amable*,	aimable.
grave,	grave.	*terrible*,	{ terrible, redou- table.
suave,	suave.		
breve,	bref, breve.	*convenible*,	convenable.
grande,	grand, de.	*estimable*,	estimable.
firme,	ferme.	*endeble*,	foible.

Les mots en *o*, lorsque l'analogie des lettres reste, se terminent également en *e* muet, ou par la consonne qui précede l'*o* en Espagnol, comme :

Abismo,	abyme.	*bueno*,	bon.
puerco,	porc.	*duro*,	dur.
pórtico,	portique.	*blanco*,	blanc.
sáfiro,	saphir.	*sonoro*,	sonore.
faro,	phare.	*primero*,	premier.
sinodo,	synode.	*tercero*,	troisieme.

Parmi les mots espagnols, terminés par une consonne, ceux en *dad* se terminent, en François, en *té*, comme :

Bondad,	bonté.	*sanidad*,	santé.
caridad,	charité.	*esterilidad*,	stérilité.
lealtad,	loyauté.	*ciudad*,	cité.

Ceux en *el* sont terminés de même, ou par l'*e* muet, comme :

Animal,	animal.	*fragil*,	fragile.
material,	matériel.	*docil*,	docile.
sal,	sel.	*habil*,	habile.
piedestal,	piedestal.	*sutil*,	subtil.
mal,	mal.	*util*,	utile.
tal,	tel.		

F 3

Les mots en *n* font terminés par la même lettre, comme :

Latin,	latin.	*bribon*,	fripon.
cabeftan,	cabeftan.	*laton*,	laiton.
canton,	canton.	*talon*,	talon.
cançion,	chanfon.	*aficion*,	affection.
oracion,	oraifon.	*union*,	union.

Ajoutez encore les finales fuivantes :

Les mots en *ento*, *iento*, *ante* & *iente*, font terminés en *ent*, comme :

Luciente,	luifant.	*violento*,	violent.
ardiente,	ardent.	*inftrumento*,	inftrument.
conftante,	conftant.	*defabrimiento*,	défagrément.

Ceux en *ancia* & *encia*, en *ance* ou *ence*, comme :

Conftancia,	conftance.	*elegancia*,	élégance.
tolerancia,	tolérance.	*extravagancia*,	extravagance.
creencia,	croyance.	*credencia*,	créance.
potencia,	puiffance.	*ciencia*,	fcience.
evidencia,	évidence.	*apariencia*,	apparence.

Ceux en *ario* & *orio*, en *aire* & *oire*, comme :

notario,	notaire.	*promontorio*,	promontoire.

Ceux en *or* fe terminent en *eur*, comme :

doctor,	docteur.	*governador*,	gouverneur.
amador,	amateur.	*deftructor*,	deftructeur.

Ceux en *ofo*, *ofa*, en *eux*, *eufe*, comme :

preciofo,	précieux.	*maravillofo*,	merveilleux.
dudofo,	douteux.	*pompofo*,	pompeux.

Enfin ceux en *z* font terminés en *oce*, comme :

feroz,	féroce.	*atroz*,	atroce.

Quoique l'obfervation que je fais ici fur l'analogie des terminaifons efpagnoles & françoifes, dans les fubftantifs & adjectifs, ne puiffe pas être regardée comme une regle générale, on fent néanmoins qu'elle doit être d'un grand fecours pour un commençant, qui à l'aide de cette obfervation & d'un dictionnaire, fera en état de s'effayer à traduire littéralement ; & il fera étonné de la facilité qu'il y trouvera, fur-tout après avoir obfervé cette même analogie des terminaifons à l'égard des verbes, qui, comme on fait, dans la langue efpagnole, font réduits à trois conjugaifons ; favoir, *ar*, *er*, *ir*.

Ceux en *ar* se traduisent, en François, en *er*; Exemple :

Amar,	aimer.	*notar*,	noter.
besar,	baiser.	*hollar*,	fouler.
causar,	causer.	*parar*,	parer.
durar,	durer.	*questionar*,	questionner.
entrar,	entrer.	*remar*,	ramer.
forzar,	forcer.	*sembrar*,	semer.
ganar,	gagner.	*tornar*,	tourner.
alzar,	hausser.	*votar*,	voter.
mezclar,	mêler.	*helar*,	géler.

Il y a plus de variété dans les verbes en *er*; car quelques-uns gardent, en François, cette même terminaison ; d'autres la changent en *re*, d'autres en *ir* ou *oir*, comme :

Meter,	mettre.	*tener*,	tenir.
poner,	poser, mettre.	*verter*,	verser.
haber,	avoir.	*nacer*,	naître.
creer,	croire.	*pacer*,	paître.
leer,	lire.	*hacer*,	faire.
beber,	boire.	*placer*,	plaire.
mover,	mouvoir.	*poder*,	pouvoir.
correr,	courir.	*escoger*,	choisir.

La plupart des verbes en *ir*, conservent la même terminaison, comme :

Dormir,	dormir.	*venir*,	venir.
pervertir,	pervertir.	*morir*,	mourir.
convertir,	convertir.	*sentir*,	sentir.

Et ainsi d'une infinité d'autres : un petit nombre seulement la changent en *ire*, comme *decir*, dire, & ses composés, *contradecir*, *desdecir*, *redecir*, *maldecir*; *escrivir*, écrire, & de même ses composés, *descrivir*, *inscrivir* : ajoutez encore *conducir*, *introducir*, *inducir*, *reducir*, *deducir*; *construir*, *destruir*, *instruir*, & quelques autres suffisamment indiqués par la seule analogie.

Les autres parties de l'oraison se trouvent traduites à leur place, & il convient de les lire plusieurs fois, jusqu'à les apprendre par cœur, & se les rendre familieres.

La troisieme observation à faire sur l'Espagnol, c'est de reconnoître les sources de sa grande richesse dans la dérivation des noms & des verbes. Parlons d'abord des noms, dont voici les différentes terminaisons, tirées des primitifs.

En *dad*, de *mozo*, on fait *mocedad*, jeunesse.
puro, *pureza*, *puridad*, pureté.

ada,	tonto,	tontada,	sottise.
ado,	teja,	tejado,	toit.
age,	paso,	pasage,	passage.
al,	{ puño,	puñal,	poignard.
	{ seña,	señal,	signe.
il,	pastor,	pastoril,	chose de berger.
ol,	España,	Español,	Espagnol.
aña,	manera ó mano,	maña,	adresse.
año,	castaña,	castaño,	châtaignier.
ar,	pino,	pinar,	bois de pins.
ario,	hierva,	hervolario,	botaniste.
orio,	boda,	bodorio,	fête de mariage.
aza,	hogar,	hogaza,	tourte sur les cendres.
azo,	bala,	balazo,	coup de bale.
eda,	alamo,	alameda,	allée d'arbres.
edo,	quedar,	quedo,	immobile, en repos.
ela,	moza,	mozuela,	jeune fille.
elo,	volar,	vuelo,	vol.
eña,	lignum, (latin),	leña,	bois à brûler.
eño,	parvus, (latin),	pequeño,	petit.
era,	lado,	ladera,	long côté.
ero,	tinta,	tintero,	encrier.
ido,	saber,	sabido,	savant.
ida,	ir,	ida,	allée, venue.
iño,	caridad,	cariño,	tendresse.
ina,	tinea, (latin),	tiña,	teigne.
eza,	crudo,	crudeza,	crudité.
ezo,	boquear,	bostezo,	baillement.
or,	pasto,	pastor,	berger.
osa,	pereza,	perezosa,	paresseuse.
uda,	cabeza,	cabezuda,	garni de soies.
udo,	cerda,	cerdudo,	têtu.
uno,	perro,	perruno,	chose de chien.
una,	hombre,	hombruno,	d'homme.

Les diminutifs.

ete,	{	{ pobrete,	{
ito,	{ pobre,	{ pobrecito,	{ pauvre.
ico,	{	{ pobrecico,	{
illo,	{	{ pobrecillo,	{
ino,	palomo,	palomino,	pigeon.

Les augmentatifs simples.

azo,	{ hombre,	{ hombrazo,	{ grand homme.
on,	{	{ hombron,	{
	monte,	monton,	tas.

Les augmentatifs de mépris.

acho,	*hombre,*	*hombracho,*	homme vil.
arron,	*borracho,*	*borrachon,*	grand ivrogne.
	bobo,	*bobarron,*	grand sot.
ate,	*boto,*	*botarate,*	forfanton.
ote,	{ *Quijaño,*	*quijote,*	Quichotte.
	{ *eſtrivo,*	*eſtrivote,*	garnement.

Suivent les dérivatifs verbaux, dont les terminaisons ſe trouvent le plus communément :

En *ancia*,	{ *de ganar,*	*ganancia,*	gain.
	{ *conſtar,*	*conſtancia,*	conſtance.
anza,	{ *matar,*	*matanza,*	carnage.
	{ *danzar,*	*danza,*	danſe.
eo,	{ *tornar,*	*torneo,*	tournoi.
	{ *menear,*	*meneo,*	mouvement.
ea,	{ *oblino* (latin),	*oblea,*	pain à cacheter.
	{ *corrigo* (latin),	*correa,*	courroie.
ento,	{ *regir,*	*regimiento,*	régiment.
	{ *mover,*	*movimiento,*	mouvement.
ado, *ada*, *ido*, *ida*,	{ tous les participes paſſés qui deviennent adjectifs à tout inſtant.		
ienda,	*hacer,*	*hacienda,*	affaire.
ando, *iendo*,	{ tous les gérondifs.		
or, *dor*,	{ *vencer,*	*vencedor,*	vainqueur.
	{ *vender,*	*vendedor,*	vendeur.
izo,	{ *paſar,*	*paſadizo,*	paſſage.
	{ *eſtar,*	*eſtadizo,*	paſſé, moiſi.
	{ *eſcoger,*	*eſcogedizo,*	mal choiſi.
	{ *correr,*	*corredizo,*	coulant.
	{ *primero,*	*primerizo,*	hâtif, précoce.
	{ *rollar,*	*rollizo,*	beau & gras.
ura,	{ *cortar,*	*cortadura,*	coupure, rognure.
	{ *hacer,*	*hechura,*	façon,
	{ *hender,*	*hendedura,*	fente.
uza,	{ *gamo,*	*gamuza,*	peau de chamois.
	{ *eſcaramucear,*	*eſcaramuza,*	eſcarmouche.

Une autre ſource de richeſſe pour la langue eſpagnole, eſt la facilité avec laquelle elle ſe crée des verbes, ſoit en les dérivant des noms ſubſtantifs, ſoit en eſpagnoliſant plufieurs des verbes latins, dont elle forme des compofés avec des prépofitions purement latines, ou déguifées par l'euphonie ; foit en les compofant des autres parties de l'oraifon. Voici des exemples de tous, qui pourront fervir aux amateurs, pour fe rendre raifon par eux-mêmes dans tous les cas.

Exemples de verbes dérivés des noms fubflantifs.

De		
hombre,	hombrear,	faire l'homme.
fœmina (latin),	afeminar,	efféminer.
fama,	afamar,	rendre fameux.
cuerpo,	incorporar,	incorporer.
viejo,	envejecer,	vieillir.
reyno,	reinar,	régner.
cafa,	cafar,	marier.
carro,	acarrear,	charrier.
fuerza,	forcejar,	faire des efforts.
ira,	airarfe,	fe mettre en colere.
puerto,	aportar,	arriver au port.
parte,	apartar,	éloigner.
piedra,	apedrear,	lapider.

Et d'autres à l'infini.

Exemples de verbes tirés du Latin.

De		
poffe,	poder,	pouvoir.
tenere,	tener,	tenir, avoir.
facere,	hacer,	faire.

Exemples de verbes formés par des prépofitions latines ou efpagnoles.

a,	{ avenir,	arriver par hazard.
	apartar,	éloigner.
ad,	{ admirar,	admirer.
	aniquilar,	{ rendre nul, réduire à rien, anéantir.
ante,	{ anteponer,	préférer.
	adelantar,	avancer, devancer.
præ,	{ preferir,	préférer.
	prejudicar,	préjudicier.
contra,	{ contradecir,	contredire.
	controvertir,	difputer.
extra,	{ extravagar,	extravaguer.
	extrañar,	trouver étrange.
circum,	{ circomvalar,	entourer.
	circuir,	entourer.

inter,	{ *interponer*, { *introducir*, { *entremeter*,	interposer. introduire. mêler.
intra,	*entrañarse*,	s'introduire au-dedans.
in,	{ *inducir*, { *impedir*,	induire. empêcher.
sub,	{ *subjetar*, *sujetar*, { *sojuzgar*, { *socorrer*, { *sostener*, { *suceder*,	assujettir. subjuguer. secourir. soutenir. succéder.
per,	{ *permutar*, { *pertenecer*,	changer. appartenir.
pro,	{ *provenir*, { *procrear*,	provenir, suivre. procréer, engendrer.
super,	{ *superintendente*, { *sobrevenir*, { *sobresaltar*,	surintendant. survenir, arriver par hazard. surprendre.
trans,	{ *transponer*, *trasponer*, { *traspasar*,	se mettre derriere. percer.
ultra,	*ultrajar*,	outrager.
abs,	*abstener*,	abstenir.
de,	*detener*,	détenir, arrêter.
e,	*evocar*,	évoquer.
ex,	{ *expirar*, *espirar*, { *estender*,	expirer. étendre.
sine,	{ *sindicar*, { *sincerar*,	noter. expier, excuser.
con,	*conducir*,	conduire.
dis,	*disponer*,	disposer.
di,	*divertir*,	divertir.
des,	{ *desmentir*, { *desconocer*, { *descontentar*, { *desentrañar*, { *desenvolver*,	démentir. méconnoître. mécontenter. voir jusque dans les entrailles. développer.
re,	{ *retener*, { *replicar*, { *revolver*,	retenir. repliquer. renverser.
se,	{ *separar*, { *seducir*, { *sequestrar*,	séparer. séduire. sequestrer.
em,	{ *embeber*, { *embainar*,	imbiber. enguaîner.
en,	{ *entablar*, { *encubrir*,	arranger. cacher.

Obfervez cependant que pour compofer, foit des noms, foit des verbes en Efpagnol, & en faire des dérivés, même d'après les finales que j'ai données, il eft néceffaire de confulter l'ufage, qui doit toujours fervir de regle, fans quoi l'on formeroit des mots extravagans & rifibles. Voici des exemples de cette licence, tirés d'un dictionnaire.

On voit former,

De *horca*,   *ahorcar*,   pendre.

Et on veut former par imitation,

de *buñuelo*,   *abuñuelar*,   faire en façon de baignets.
de *comando*,   *acomandar*,   commander.
de *contrafte*,   *acontraftar*,   faire contrafte.

Tandis qu'on devroit dire *formar en buñuelos*, *comandar*, *contraftar*.

On voit former,

de *arder*,   *ardimento*,   courage ardent.
de *abrir*,   *abertura*,   ouverture.

De-là on fe croit autorifé à former,

de *acarrear*,   { *acarreamiento*, *acarreadura*;   action de voiturer.
de *açatar*,   *acatadura*,   révérence.
de *acertar*,   *acertamiento*,   réuffite.
de *achicar*,   *achicadura*,   rappetiffement, diminution.
de *acocear*,   *acoceamiento*,   ruade.

Tandis que les mots vraiment efpagnols font, dans le même ordre, *acarreo*, *acarreo*, *acto de refpeto*, ou *reverencia*, *acierto*, *pequeñez*, ou *difminucion*, *acozeo*; tous les autres mots du dictionnaire étant ridicules & défavoués par l'ufage.

Après qu'un amateur fe fera mis en état de s'en tirer un peu dans la traduction de l'Efpagnol en François, par l'intelligence de ces obfervations & des principes établis, il doit entreprendre de traduire littéralement. Il reconnoîtra dans l'Efpagnol toutes les parties de l'oraifon, & l'ordre qu'on leur aura donné. Il y trouvera fort fouvent les nominatifs après leurs verbes, les accufatifs devant, & fur-tout les accufatifs avec la prépofition *à*, étant tout fimplement le régime du verbe; ce qui le gênera beaucoup, parce que c'eft un ufage abfolument contraire au François, où le régime direct d'un verbe, c'est-à-dire, l'accusatif ne peut point être précédé de la préposition *à*. On doit se rappeller que l'Espagnol distingue le régime, l'objet ou l'accusatif de personne, & l'accusatif de chose; que c'est au premier que l'Espagnol fait précéder la préposition *à*. On sera aussi embarrassé de savoir en quel cas les pronoms doivent aller devant ou après les mots auxquels ils sont joints. On rencontrera d'autres légeres difficultés de ce genre, plutôt faites pour retarder que pour empêcher la connoissance de la langue. Rien de tout cela n'est fait pour décourager celui qui voudra bien faire attention que ce sont des choses dont on ne peut acquérir la connoissance que par l'usage, & par une suite d'observations réitérées. Un amateur qui aura surmonté les difficultés qu'entraîne l'ignorance des premiers principes, saura se former des questions sur ces difficultés, qu'il résoudra tôt ou tard par lui-même; ou bien il attendra l'occasion de consulter quelqu'un plus instruit que lui, ou un Espagnol.

Lorsque l'amateur en sera venu au point de traduire assez couramment l'Espagnol en François, il doit essayer de faire l'inverse, & traduire le François en Espagnol. C'est en cela qu'il doit trouver plus de difficulté, en voulant écrire une langue qui ne lui est point familiere; mais c'est aussi le meilleur moyen pour s'assurer de l'orthographe, des accens, de la conjugaison des verbes, étant obligé de les passer tous en revue à chaque instant, & c'est à force de répéter cette opération, qu'il commencera d'abord à trouver facilement les mots espagnols; & lorsqu'il se les sera rendus familiers, à former des phrases, & à essayer peu-à-peu de penser & parler en Espagnol. L'un & l'autre exercice doit être fait littéralement; car si tout d'un coup on vouloit traduire avec élégance, on ne gagneroit par-là que d'allonger le temps, & l'on s'exposeroit à perdre patience. On ne doit donc tenter la bonne traduction, que lorsqu'on s'y sentira poussé naturellement, en saisissant le sens de la phrase.

Un genre de difficulté tout différent, c'est celui qu'on éprouvera lorsqu'on entendra parler. L'oreille d'un étranger, accoutumée aux sons de sa propre langue, ne distingue point les mots d'une langue étrangere, confond la finale des uns avec le commencement des autres, juge mal en gros & en détail, & croit qu'on parle trop précipitamment, lors même qu'on parle lentement. C'est l'habitude seule qui peut vaincre cette difficulté : elle eſt infiniment moindre pour l'Eſpagnol que pour toute autre langue.

Il faudra, auſſi-tôt qu'on pourra l'entreprendre, faire des thêmes, des lettres, des diſcours, des deſcriptions, où l'on puiſſe employer les mots les plus familiers ; ſe former, à l'aide d'un dictionnaire, des aſſemblages de mots concernant la même matiere, comme les noms des choſes qui ſe trouvent dans une maiſon, les parties du corps humain, les couleurs, les pieces d'une table, le ſervice, &c.

Quelque fort qu'on devienne dans la langue eſpagnole, il eſt certain que par la ſeule lecture des livres, on ne pourra jamais en ſaiſir parfaitement le génie. La grande liberté qu'elle a dans les acceptions de mots, ſuivant les différens cas où elle les emploie, déroutera toujours un amateur.

F I N.

APPROBATION.

J'AI lu, par ordre de Monseigneur le Garde des Sceaux, un Manuscrit intitulé : *Grammaire de la Langue Espagnole, composée sur celle de l'Académie, à l'usage des François*, &c. ; je n'ai trouvé, dans ce Manuscrit, rien qui m'ait paru devoir en empêcher l'impression. A Paris, ce 23 Octobre 1785.

LE CHEVALIER, *Censeur Royal.*

PERMISSION DU ROI.

LOUIS, par la grace de Dieu, Roi de France & de Navarre : A nos amés & féaux Conseillers, les Gens tenans nos Cours de Parlement, Maîtres des Requêtes ordinaires de notre Hôtel, Grand-Conseil, Prévôt de Paris, Baillifs, Sénéchaux, leurs Lieutenans Civils, & autres nos Justiciers qu'il appartiendra : SALUT. Notre amé le sieur BARROIS le jeune, Libraire, nous a fait exposer qu'il desireroit faire imprimer & donner au Public, *la Grammaire Espagnole, composée sur celle de l'Académie, par M. l'Abbé* PELLIZER, *à l'usage des François*, s'il Nous plaisoit lui accorder nos Lettres de permission pour ce nécessaires. A CES CAUSES, voulant favorablement traiter l'Exposant, Nous lui avons permis & permettons par ces Présentes, de faire imprimer ledit Ouvrage autant de fois que bon lui semblera, & de le faire vendre & débiter par tout notre Royaume, pendant le temps de cinq années consécutives, à compter du jour de la date des Présentes. FAISONS défenses à tous Imprimeurs, Libraires, & autres personnes, de quelque qualité & condition qu'elles soient, d'en introduire d'impression étrangere dans aucun lieu de notre obéissance. A la charge que ces Présentes seront enregistrées tout au long sur le Registre de la Communauté des Imprimeurs & Libraires de Paris, dans trois mois de la date d'icelles ; que l'impression dudit Ouvrage sera faite dans notre Royaume & non ailleurs, en bon papier & beaux caracteres ; que l'Impétrant se conformera en tout aux Réglemens de la Librairie, & notamment à celui du dix Avril mil sept cent vingt-cinq, & à l'Arrêt de notre

Conseil du trente Août mil sept cent soixante-dix-sept, à peine de déchéance de la présente Permission ; qu'avant de l'exposer en vente, le manuscrit qui aura servi de copie à l'impression dudit Ouvrage, sera remis dans le même état où l'approbation y aura été donnée, ès mains de notre très-cher & féal Chevalier, Garde des Sceaux de France, le sieur HUE DE MIROMESNIL, Commandeur de nos Ordres ; qu'il en sera ensuite remis deux Exemplaires dans notre Bibliotheque publique ; un dans celle de notre Château du Louvre, un dans celle de notre très-cher & féal Chevalier, Chancelier de France, le sieur DE MAUPEOU, & un dans celle dudit sieur HUE DE MIROMESNIL : le tout à peine de nullité des présentes ; du contenu desquelles vous mandons & enjoignons de faire jouir ledit Exposant, & ses ayans causes, pleinement & paisiblement, sans souffrir qu'il leur soit fait aucun trouble ou empêchement. VOULONS qu'à la copie des Présentes, qui sera imprimée tout au long, au commencement ou à la fin dudit Ouvrage, foi soit ajoutée comme à l'original. Commandons au premier notre Huissier ou Sergent sur ce requis, de faire, pour l'exécution d'icelles, tous actes requis & nécessaires, sans demander autre permission, & nonobstant clameur de Haro, Charte Normande, & Lettres à ce contraires. CAR tel est notre plaisir. DONNÉ à Paris le vingt-troisieme jour du mois de Novembre, l'an de grace mil sept cent quatre-vingt-cinq, & de notre regne le douzieme. Par le Roi en son Conseil.

LE BEGUE.

Registré sur le Registre XXII de la Chambre Royale & Syndicale des Libraires & Imprimeurs de Paris, Nᵒ. 480, fol. 494, conformément aux dispositions énoncées dans la présente Permission ; & à la charge de remettre à ladite Chambre les neuf Exemplaires prescrits par l'Arrêt du Conseil du 16 Avril 1785. A Paris, le 31 Janvier 1786.

FOURNIER, Adjoint.

A PARIS, de l'Imprimerie de STOUPE, rue de la Harpe.